Pour la plupart de ces «galériens
de la boue» partis à la conquête
du nouvel Eldorado, l'or
restera un mirage.

Nordmann
Emilie.

Michel Le Bris, né en 1944, a fondé et dirigé, avec J.-P. Sartre et J.-P. Le Dantec, la collection «la France sauvage» chez Gallimard. Chroniqueur au *Nouvel Observateur* depuis 1978, conseiller littéraire aux éditions Grasset, son *Journal du romantisme* (1981) lui a valu le grand prix de la Société des Gens de Lettres. Il est l'auteur de nombreux ouvrages, dont *la Porte d'or,* chez Grasset et l'éditeur de la correspondance de Henri James et Stevenson en 1987 aux éditions Phœbus.

1er dépôt légal: juin 1988
Dépôt légal: juillet 1995
Numéro d'édition: 69383
ISBN 2-07-053049-3
Imprimé en Italie
par Editoriale Libraria

LA FIÈVRE DE L'OR

Michel Le Bris

DÉCOUVERTES GALLIMARD
INVENTION DU MONDE

“Tout le monde nous quitte, lecteurs et imprimeurs. De San Francisco à Los Angeles, du bord de mer aux contreforts de la Sierra Nevada, le pays tout entier retentit du cri sordide : «De l'or ! De l'or !», tandis que le champ reste à demi planté, la maison à demi construite, et que tout est négligé à l'exception de la fabrication des pelles et des pioches. Force nous est d'interrompre notre publication.”

Le *Californian* du 29 mai 1848

CHAPITRE PREMIER

EN QUÊTE D'UN PARADIS

L'or, bien sûr. Mais lequel ? L'or, de la richesse ? L'or des mystiques ? L'or des utopies sociales des révolutionnaires de 1848 ?

Le 24 janvier 1848, James W. Marshall, comme tous les matins, inspecte le bief de la scierie qu'il construit sur l'American River, à Coloma, pour John Sutter. Un scintillement inattendu, au fond de la tranchée, attire son regard...

«Les gars, je crois que j'ai trouvé de l'or!»

Le 28 au soir, Marshall, trempé jusqu'aux os, hagard, arrive à Fort Sutter dans un tel état d'excitation que Sutter, inquiet, le reçoit un fusil à la main — qu'il lâche pour saisir une encyclopédie, dès que Marshall lui montre sa pépite. Test de l'acide nitrique, test de densité d'Archimède : de l'or, oui, et même de 22 carats!

John Sutter, un Suisse installé en Californie depuis 1839, règne alors en maître sur un domaine de 25000 hectares, le long du fleuve Sacramento : la Nouvelle-Helvétie. Près de 1000 employés, indiens et blancs, un fort, une armée personnelle, 12000 têtes de bétail, 15000 moutons, 2000 chevaux... et des dettes, énormes. Cette mine d'or, un coup de pouce du destin?

C'est dans la scierie de Sutter, à Coloma, que fut trouvée la première pépite.

La découverte de l'or ne porta pas chance à James Marshall (1810-1885). Il mourut dans le dénuement.

Surtout, que l'affaire ne s'ébruite pas ! Sutter parcourt à bride abattue les 90 kilomètres qui le séparent de Coloma. Pour 200 dollars par an, payés en vêtements et en vivres, il loue aux Indiens les terres environnantes, sur 15 kilomètres carrés. Puis il envoie le forgeron, Bennett, à Monterey pour que le gouverneur Mason entérine cette tractation. Les ouvriers de Sutter, pour la plupart mormons, lui promettent le silence.

Mais le gouverneur refuse de donner son accord. «Plus tard !» dit-il. Par le traité de Guadalupe Hidalgo, signé le 2 février 1848, le Mexique vient de vendre la Californie (depuis 1846 sous tutelle d'un gouverneur militaire américain bien que théoriquement mexicaine) aux Etats-Unis pour 15 millions de dollars. La confusion est totale sur la question des titres de propriété ! «Mieux vaut attendre», répète Mason.

Mais les gens de Sutter ne peuvent tenir leur langue. A San Francisco, Bennett, de retour de Monterey, montre ses paillettes d'or. Bigler, un des mormons de Coloma, écrit à des amis, qui accourent. A mi-chemin entre Coloma et Fort Sutter, dans une petite île sur l'American River, ceux-ci découvrent un filon...

Sam Brannan, le chef des mormons de Californie, arrive sur les lieux en avril 1848. Avant tout, décide-t-il, il faut prendre une concession sur Mormon Island ! Et négocier l'implantation d'un magasin à Coloma. C'est seulement après, début mai, qu'il entre au galop dans San Francisco en agitant d'une main son chapeau, et de l'autre, une bouteille de poussière d'or : «De l'or ! De l'or ! Les mormons ont trouvé de l'or dans l'American River !»

Personne n'imagine alors l'importance de ce que Brannan vient de déclencher : «le plus grand mouvement de population depuis les croisades», commentera l'historien Theodore H. Hittell.

Arrivé à San Francisco en 1846 avec 238 mormons, Sam Brannan vit dans la découverte de l'or une chance pour les siens. Il tenta vainement de convaincre le «prophète» Young de conduire tous les mormons en Californie pour y créer un Etat indépendant. Furieux, il décida alors de faire fortune et devint quelque temps l'homme le plus puissant de Californie. Il mourut dans la misère en 1889.

La ruée vers l'or vue par un *cartoonist* de la côte Est. Il parut ainsi dans l'hiver 1848-1849 des centaines de brochures, de récits, de mémoires, et une trentaine de guides plus ou moins fantaisistes.

Passé les premiers temps d'incrédulité, les villages de Californie se vident en quelques jours

Dès le 1er juin, la moitié, au moins, des maisons de San Francisco sont abandonnées. «Tout semble s'être arrêté», déplore le journaliste du *Star*, avant de partir à son tour sur les *placers*. «Plus de bruit d'industrie ni de pas dans les rues. Tout a l'air désolé et sombre ; tout, partout, est morne, monotone, mort.» Le vaisseau de guerre *Ohio* se trouve bien en peine de maintenir le calme dans le port : ses effectifs ont fondu de 145 hommes en une journée !

Début juin, les 40 hommes de la garnison de Sonora désertent à leur tour. A San Jose, le shérif, resté seul, s'en va lui aussi, emmenant avec lui les 10 pensionnaires de sa prison — qu'il fera travailler à son profit sur les placers. En juillet, le gouverneur Mason quitte Monterey avec 145 hommes pour tenter de rétablir l'ordre dans la Sierra. Mais, à peine arrivé à San Jose, la moitié de sa troupe déjà, l'a abandonné. Comment résister à l'appel de l'or quand on a tout juste 7 dollars de solde par mois ? A la fin de l'été, presque tous les hommes de la côte Ouest ont émigré vers les placers. 40 000 dollars sont arrachés chaque jour au sable des rivières.

The first discovery of Gold at Suter's Mill. | The report reaches San Francisco. The inhabitants are much moved thereat. | The sailors desert the vessels in the harbor.

Parti le 31 mai 1848 de San Francisco, le schooner «Louisa», le premier, porte la nouvelle à Honolulu

Tous les trappeurs canadiens de la Compagnie de la baie d'Hudson se font immédiatement l'écho de l'événement sur toute la côte Nord-Ouest, jusqu'à Vancouver. Manille, le paradis du jeu, s'embrase dès l'arrivée de la frégate

« Le forgeron pose son marteau, le charpentier son rabot, le maçon sa truelle, le fermier sa faucille, le boulanger son pain, le cabaretier sa bouteille. Tous se mettent en route : à cheval, en carriole, sur des béquilles et même, pour l'un d'eux, sur une civière. »

Walter Colton,
alcade de Monterey,
le 20 juin 1848

Rhône. Puis, avec l'arrivée des premiers bateaux chargés d'or, c'est tout le Pacifique, jusqu'en Australie et en Chine, qui bourdonne comme une ruche. Dès juillet, un bateau d'émigrants quitte les îles Hawaii. La garnison des îles Marquises abandonne le gouverneur, qui se retrouve seul pour représenter l'Etat français. Des affiches sont placardées dans les villes d'Australie. Le 12 septembre, la frégate *Virginia* quitte Valparaíso avec le premier contingent de chercheurs d'or chiliens. Plus de 3000 hommes accourent de l'Oregon dans les derniers mois de l'année. Et autant de Mexicains, venus du Sonora. Suivent bientôt les Argentins, les Australiens, les Boliviens, les Canaques, les Chinois...

Le 5 décembre, le message au Congrès du président Polk met le feu aux poudres

Les communications avec la côte Est sont alors très lentes et difficiles : les premières rumeurs de la découverte de l'or n'ont guère suscité d'intérêt. A la fin de septembre, l'arrivée rocambolesque du lieutenant Beale à Washington, apportant quelques pépites aux sénateurs, commence enfin à émouvoir l'opinion. C'est dans un climat d'excitation et d'expectative mêlées qu'est alors communiqué, dans les premiers jours de décembre 1848, le rapport officiel du gouverneur Mason. Cette fois, le doute n'est plus permis : le document est accompagné d'un coffret à thé contenant 300 onces de pépites d'or !

Le président Polk voit là l'occasion de faire taire ceux qui lui reprochent le coût de la guerre récente contre le Mexique. «Nous savions, au moment d'acquérir la Californie, que se trouvaient des gisements de métaux précieux, a-t-il le front d'affirmer, mais de récentes découvertes prouvent que ces gisements sont plus riches et plus étendus que prévu : les récits sur l'abondance de l'or dans ce territoire sont si extraordinaires qu'ils seraient difficilement croyables s'ils n'étaient confirmés

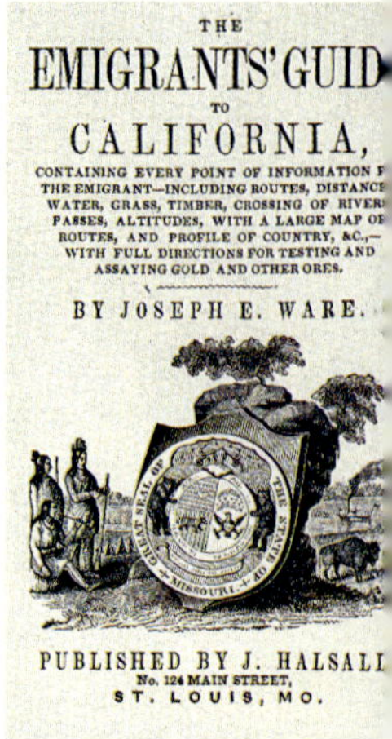

Lecture des nouvelles dans un bureau de poste, à New York. Les informations arrivaient très difficilement. C'est déguisé en mendiant, armé de quatre revolvers et d'un couteau de boucher, que le lieutenant Beale, de la Navy, avait dû galoper jour et nuit à travers le Mexique, affronter les bandits, pour porter la bonne nouvelle de la découverte de l'or !

POST OFFICE
SAN FRANCISCO
SHIP
LOO CHOO
THURSDAY MORNING
NEW YORK DAILY TRIBUNE
CALIFORNIA
Look Here !!!

par des rapports d'officiers au service de l'Etat.» Aucun discours présidentiel depuis la déclaration d'Indépendance n'avait eu pareil impact.

Partir ! Partir à n'importe quel prix !

De La Nouvelle-Orléans aux Grands Lacs, de Saint Louis à Boston, l'émotion est à son comble. A Washington, la foule se bouscule devant les pépites exposées au ministère de la Guerre. Partout, les bateaux sont pris d'assaut. Les fabricants de pelles, de pioches, de chaussures, d'armes à feu ne parviennent plus à satisfaire la demande. Les colonnes des journaux se remplissent de réclames pour les matériels d'extraction, d'avis de navires en partance, de conseils pratiques et de témoignages : on a trouvé là-bas des montagnes toutes d'or ; l'air est si imprégné de poussière d'or, sur les placers, qu'il suffit de brosser son manteau pour faire fortune. Comme le voyage coûte cher, on vend tout ce que

Contrairement à ce que suggère cette photo publicitaire (à gauche), la plupart des mineurs arrivèrent sur les placers sans équipement adapté.

l'on possède, maison et terrains, ou l'on s'endette. Dans les Etats du Sud, où l'habitat est plus morcelé, on part seul ou en petits groupes. Dans le Nord, les Yankees s'organisent en compagnies, le plus souvent autour de leurs pasteurs...

La Californie : Eldorado ou Terre promise ?

Pour les descendants des premiers *pilgrims* puritains, cette découverte apparaît en effet comme un signe de Dieu : il est temps, désormais, qu'un peuple juste colonise les terres sauvages de l'Ouest. L'or est perdu dans la pierre comme une larme d'éternité tombée du royaume céleste dans la matière obscure, prophétisent les prédicateurs les plus exaltés, et le travail du mineur s'apparente, dès lors, à une ascèse spirituelle par laquelle il retrouve le royaume perdu. Pour tous, il s'agit donc rien de moins que de bâtir là-bas, face à l'Orient païen, une nouvelle Jérusalem. A la fin de janvier 1849, un quart, déjà, de la population

Les distinctions sociales s'estompent comme par magie : des professeurs de Harvard, des étudiants en théologie de Boston s'associent avec des garçons de ferme et des ouvriers pour affréter un bateau. Un médecin du Massachussets s'engage dans la compagnie que vient de monter son cocher. Les plus désargentés, faute de chevaux ou de bœufs, tirent eux-mêmes leurs charrettes. D'autres traverseront la Prairie en poussant leur chargement dans une brouette !

adulte de Boston a pris la mer. Sur les 275 bateaux qui arriveront à San Francisco dans l'année 1849, 121 viendront des ports de Nouvelle-Angleterre.

La fièvre gagne l'Europe : une impressionnante migration commence alors, qui portera jusqu'aux placers les idéaux de 1848

«L'année folle», dit-on alors de 1848. En effet, après deux ans de crise économique, en quelques mois, toute l'Europe s'embrase : la guerre civile et le triomphe des radicaux en Suisse, Louis-Philippe détrôné et la république restaurée en France, l'insurrection de Sicile, les émeutes de Milan, l'éveil du nationalisme danois, l'agitation en Allemagne, le mouvement Jeune Irlande à Dublin, les révoltes à Glasgow ; et puis les barricades dressées à Prague, à Vienne, à Berlin, à Venise, à Madrid, à Francfort, dans le duché de Bade, en Voïvodine serbe, à Naples, en Transylvanie, à Bucarest — comme une lame de fond, brassant pêle-mêle catholiques sociaux, disciples des socialistes utopiques Fourier, Lamennais, Cabet, Saint-Simon, nationalistes romantiques, démocrates et idéalistes, dans un même appel d'air, une même exigence de liberté.

Metternich et Pie IX sont en fuite, Louis Ier de Bavière abdique, Frédéric-Guillaume IV capitule, les nationalités opprimées partout se dressent, portées par le verbe enflammé d'un Kossuth ou d'un Mickiewicz. Les Roumains, les Slovènes, les Ukrainiens en rébellion ouverte, les Italiens rassemblés derrière Charles-Albert : la vieille Europe, croit-on, vacille.

Et puis, dès le mois de juin, l'échec partout, la répression brutale, comme si l'Europe refusait en cet instant sa part de rêve et de jeunesse. On comprend que, dans pareil contexte, l'annonce de la découverte de l'or ait eu un retentissement extraordinaire !

Pour tous les révolutionnaires vaincus, persécutés, désespérés, bannis, l'or paraît la

Un caricaturiste imagine un moyen de transport défiant toute concurrence : une super invention brevetée de ligne de transports aériens par élastique de l'Atlantique à la Californie. Le principe de locomotion est conçu de telle sorte que, si les passagers ont un bon équilibre, il suffit, pour les débarquer devant les mines d'or, de couper l'extrémité du côté Atlantique.

promesse d'un nouveau monde possible. Seule la Grande-Bretagne, peu touchée par l'agitation de 1848, reste à l'écart, préférant investir dans les sociétés d'extraction.

En Allemagne, les départs sont si nombreux que les autorités, inquiètes, diffusent des brochures dépeignant l'aventure californienne comme un cauchemar. En vain. Epuisée, affamée (deux millions de personnes mortes de faim, de typhus, de choléra), meurtrie par l'échec du mouvement nationaliste, l'Irlande, littéralement, se vide. Même situation en Ecosse. Effervescence aussi en Italie, en Belgique, en Suisse, aux Pays-Bas, au Danemark, en Suède et dans tous les pays d'Europe centrale.

—Je vous ai demandé un verre d'eau, vous apportez de l'or potable.
—Vous avez la ressource de mettre dans votre bourse ce que vous ne pouvez pas boire.

Travail préparatoire pour arriver à la libre exploit[ation] d'une mine.

—Une mine d'argent! Quelle pauvreté! Je vais en laisser l'exploitation à mon domestique.

—La poussière de ce pays est insupportable, j'ai a[u] moins pour 80 francs d'or dans chaque œil.

Cham (1818-1879), influencé par Daumier, est l'un des caricaturistes français ayant stigmatisé la frénésie de l'or qui s'est emparée de la population française dans les années 1850. «Toute sa vie, Cham l'a passée à attraper les mouches de l'actualité et à leur enfoncer des queues de papier pour faire rire la petite classe», dira de lui le critique Alexandre.

— Une pomme de terre, quel bonheur! Mais non, je suis volé, elle est en or.

- Oui, mon neveu; j'avais en partant un million, mais le itaine ayant exigé un million et demi pour mon retour, i'ai plus que 500,000 francs de dettes.

— Veuillez vous lever, madame, vous êtes assise sur une mine. — Mais il n'y a donc pas un endroit où l'on puisse s'asseoir tranquillement dans ce pays.

LA FORTUNE

COMPAGNIE DES MINES D'OR DE LA CALIFORNIE.

Constituée par acte passé devant Me PLANCHET, notaire à Paris ,

Prospectus publicitaire de la compagnie La Fortune «pour l'exploitation des sables aurifères par des machines brevetées en France et aux Etats-Unis».

«Les rêves de l'or ont remplacé les rêves socialistes dans le prolétariat parisien», déplore Karl Marx

Le Journal des débats et *le Moniteur,* dès février 1849, publient des témoignages de chercheurs d'or. *Le Siècle* du 15 avril rapporte qu'à Talcahuano «un baleinier venant de San Francisco aurait déclaré le 11 janvier avoir ramassé en quelques mois 300 000 piastres de poudre d'or». «Il faudra des siècles et des millions de travailleurs pour épuiser les gisements», assure *le Constitutionnel,* le 15 mai. «Pas un mètre de terrain qui ne renferme de l'or», renchérit *la Presse* du 8 juin.

On ne jure plus, à Paris, que par la Californie. Aux Variétés, au Théâtre du Luxembourg se succèdent drames et vaudevilles : *les Chercheurs d'or du Sacramento, les Chercheuses d'or, l'Alchimiste ou le Train de plaisir pour la Californie.* On lance même dans le ciel de Paris un aérostat baptisé *Californie.*

Partir ! Des compagnies privées pour l'émigration se montent par dizaines, les unes commerciales, les autres sous forme de mutuelles de travailleurs : la Californie, la Ruche d'or, la Bretonne, l'Union fraternelle — un véritable tourbillon où l'on s'étonne à peine de trouver l'Américaine dirigée par Milord «dit Vilette, bien connu des milieux de la bohème». Ou encore le Nouveau Monde, géré par deux avocats radiés du barreau et un certain Christophe Colomb, «ingénieur

naturaliste, membre de la société zoologique de France». Tout cela entretenu, amplifié, par des centaines de brochures, de mémoires, de conseils, comme dans le *Guide pratique des émigrants* de Rossignon «professeur de physique à l'université et inspecteur des poudres et salpêtres du Guatemala».

La loterie des Lingots d'or — ou comment se débarrasser de quatre mille quarante-huitards

C'est dans ce climat de folie qu'éclate en août 1849 une annonce incroyable : le gouvernement cautionne la création d'une Société des lingots d'or, afin qu'elle organise une loterie, dont le bénéfice est destiné à «faire transporter gratuitement en Californie 5 000 émigrants trop pauvres pour faire la traversée». Mais, c'est le préfet de police Carlier qui décide des départs : très vite, on réalise qu'il s'agit en fait de se défaire des jeunes gens enrôlés en février 1848 dans la garde nationale, dont on s'était servi pour réprimer les émeutes de juin et qui, depuis, crient à la trahison.

« Le tirage de la loterie des Lingots d'or fut-il entaché de fraude ? Napoléon et ses acolytes ne se contentèrent pas d'empocher une part des bénéfices, ils fabriquèrent de faux billets, ils vendirent dix, quinze et même vingt billets portant le même numéro ! »

Karl Marx

Alexandre Dumas fils est chargé de rédiger la brochure publicitaire. Les billets sont vendus dans les mairies pour accroître la confiance. La foule en délire défile devant le lingot exposé boulevard Montmartre.

Les compagnies d'émigration, pour la plupart, se révèlent être des escroqueries. Au fil des mois, il apparaîtra d'ailleurs que, malgré les affirmations du gouvernement, la Société des lingots d'or n'échappe pas à la règle. C'est dans un parfum de scandale que le tirage aura lieu le 16 novembre 1850. Un comité de liquidation assurera les départs, tant bien que mal ; 4000 environ, sur les 5000 promis : gardes mobiles, gardes nationaux, militants socialistes devenus trop gênants, et qui bientôt s'illustreront sur les placers...

Toutes les convoitises, toutes les espérances des cinq continents convergent vers la Californie...

Par le cap Horn, d'abord, (16000 passagers pour la seule année 1849) : la route la plus longue, mais aussi la moins chère — six mois de voyage à partir de l'Europe, avec une seule escale.

Par Panama, pour les plus aisés, ou les plus courageux (6500, en 1849). Car il faut débarquer à Chagres, sur la côte atlantique, s'enfoncer dans la jungle et les marais, remonter en pirogue une rivière infestée de caïmans jusqu'à Cruces, puis, de là, gagner Panama par la montagne à dos de mulet — Panama, ravagé par la malaria et la fièvre jaune, où s'entassent les voyageurs, souvent trop démunis pour prendre place à bord des rares steamers en direction de San Francisco.

Par la Prairie, enfin, passé l'hiver, pour 50000 personnes. En suivant, vers le sud, la piste de Santa Fe par l'Arizona, jusqu'à San Diego ou Los Angeles. Ou bien en empruntant l'Oregon Trail, par Independance et Fort Laramie, qui oblique au milieu d'étendues arides et de montagnes escarpées jusqu'à la Humboldt River, le long d'une piste jonchée de squelettes d'animaux, de wagons

Affiche vantant la rapidité et le confort des voyages organisés par les compagnies de clippers de la côte Est.

brisés et de cadavres.
Ou encore par le California Trail, obligeant à traverser les déserts de l'Utah et du Nevada, sous des chaleurs si écrasantes que les bêtes, parfois, deviennent folles. Une épopée aux résonances bibliques, immortalisée par les longs convois de «schooners des Prairies» si chers au western.

Formidable accouchement d'un nouveau monde dans la boue, l'horreur, l'héroïsme... Fantastique télescopage de rêves et de cultures, quand se rencontreront descendants des premiers pilgrims — quakers, anabaptistes, presbytériens —, en quête d'une nouvelle Jérusalem, et les quarante-huitards européens, tout à leurs utopies sociales. Comme si l'appel de l'or allait bien au-delà du seul appétit de richesse...

Pour la plupart des futurs prospecteurs, le voyage fut une terrible épreuve. Les plus riches, comme la Boston and California Joint Stock Mining and Trading Company, sous l'autorité du pasteur Joseph A. Benson, aménagent déjà leurs bateaux comme un avant-goût du nouveau monde rêvé, avec bibliothèques et dispensaires.

"Tous, ils sont là, voleurs, clochards, souteneurs, femmes impudiques, meurtriers, rendus au dernier degré de l'abjection, dans des bouges où ils s'abrutissent d'alcool frelaté en bégayant des airs obscènes ! Et la débauche, la souillure, la démence, la misère et la mort sont là, elles aussi. Et l'enfer, qui bâille pour engloutir cette masse putride."

Le *Call* du 5 août 1852

CHAPITRE II

LA PORTE D'OR

Avant la ruée vers l'or, San Francisco n'était qu'un village de 500 habitants, accroché aux flancs d'une colline abrupte, à l'abri très relatif d'une baie dangereuse, que visitaient de loin en loin les chasseurs de baleines russes, cantonnés à Fort Ross ou à Fort Bragg, et les trappeurs de la Compagnie de la baie d'Hudson.

1 500 aventuriers déferlent sur San Francisco dans les six premiers mois de 1849, 25 000 dans les six mois suivants. Dont 4 000 marins déserteurs qui laissent là leurs navires, échoués dans la vase. Pas de quai, ni de jetée : les arrivants doivent patauger sur 100 mètres, ployant sous le poids de leurs bagages.

Une ville de toile et de boue

Pas de logements. A Parker House, on entasse les nouveaux venus à vingt par chambre. Sans draps, ni couvertures. Les plus entreprenants construisent des hôtels à la hâte — autrement dit des baraques, couvertes de branchages. On transforme les hangars en dortoirs. On fabrique des tentes dans les voiles des navires. Des caisses d'emballage servent de niches pour la nuit. On dort n'importe où, à même le plancher, sur des chaises, dans les mangeoires des chevaux. Une place sur une table se loue, pendant l'hiver, 10 dollars pour six heures. Un rocking-chair, 8 dollars. Et les rats qui pullulent agressent les dormeurs, trop épuisés pour pouvoir réagir.

On manque de tout, et d'abord de nourriture. Durant l'hiver 1849, un œuf se vend jusqu'à un dollar. Une pomme de terre, venue de Hawaii, 60 cents ! Les légumes sont si rares qu'on les expose dans les vitrines. Les rues, dessinées grossièrement à angle droit au flanc des collines, ne sont pas nivelées. Des monceaux d'ordures s'accumulent aux portes des maisons. En été,

Les rues de San Francisco qu'on disait pavées d'or sont en fait de simples chemins de terre. Par temps pluvieux, des trous énormes se forment. Marcher dans la rue devient un exercice périlleux : un témoin, Daniel Lévy, rapporte que trois ivrognes disparurent ainsi corps et biens. Mais l'humour ne perd pas ses droits — et il n'est pas rare de découvrir des pancartes au bord des fondrières : «Route directe pour la Chine», «Chambre des machines, se renseigner en bas», «Ecole gratuite de natation», «Charrettes et charretiers perdus ici».

la poussière et les émanations sont intolérables. L'hiver, les rues deviennent des fleuves de boue, que l'on essaie de traverser à l'aide de planches, au risque de se noyer. «On a vu dans certains quartiers se former des fondrières où des hommes et jusqu'à des mulets ont disparu sans qu'il fût possible de leur porter secours», raconte un chercheur d'or français. On improvise des trottoirs avec tout ce qui passe sous la main : barils, caisses, sacs de café, de farine, de tabac, poêles de cuisine, et même... un piano.

A la ville de toile des premiers mois de 1849 succède, dès 1850, une ville de bois. Dans le désordre le plus total, sans souci d'hygiène, ni de sécurité. Les ordures s'entassent dans les ruelles en pente, jusqu'aux toits des maisons. Une épidémie de choléra pendant l'hiver 1851 fera craindre le pire. Les puces, les poux, les moustiques, les rats deviennent des cauchemars permanents. Un coiffeur fera fortune en vendant 100 dollars pièce des chats importés de Los Angeles !

U ne des toutes premières photos connues de San Francisco (prise probablement en 1851). Cette forêt de mâts, en arrière-plan : des bateaux abandonnés pourrissant dans la vase...

Attirés par la spéculation, des bateaux arrivent bientôt du monde entier, regorgeant de marchandises

On croule sous le superflu, alors que l'on manque cruellement du nécessaire. Pas de pommes de terre, mais une réserve de tabac à chiquer pour au moins cinquante ans ! Des machines à extraire de l'or inutilisables. 5 000 chapeaux de femme, pour une ville d'hommes. Et guère de lieux de stockage. Aussi empile-t-on les marchandises en plein air, dans la rue. Et puis on les vend et les revend sans cesse, aux enchères publiques, sur la Plaza. On spécule, frénétiquement, le jour. Et l'on joue, la nuit, à l'Eldorado, au Verandah, à l'Arcade, au Casino, au Polka, les seuls bâtiments en bois bâtis autour de la Plaza, que l'on commence à appeler

Portsmouth Square. Des chercheurs d'or, descendus de la Sierra Nevada chargés de pépites, se ruinent en une soirée et se retrouvent clochards. Des fortunes se font et se défont en une journée.

«Les gens de San Francisco sont fous à lier!», écrit le correspondant du *New York Evening Post*, en novembre 1849. Le Parker Hotel se loue 110000 dollars par an, une simple boutique de planches, 3000 dollars par mois. L'argent se prête à la semaine au taux de 5 %. Un homme, débarqué avec une pile de vieux journaux, les vend en un instant 10 dollars pièce. Un autre échange un paquet de clous contre son poids d'or à un charpentier pressé. Et comme chacun n'a en tête que le départ vers les mines, la main-d'œuvre est hors de prix : 20 dollars par jour pour un ouvrier.

Dès 1850, San Francisco devient le «Paris du Pacifique»

Le 14 septembre 1849, le voilier *Meuse* arrive au port avec à son bord 50 chercheurs d'or français. Deux ans plus tard, ils sont 20 000. 5 000 choisissent de rester à San Francisco. Pauvres hères, nobles désargentés ou insurgés de 1848, ils sont en effet pour la plupart des citadins — à la différence des autres émigrants, essentiellement ruraux. Aussi, passé le premier choc du débarquement, nombre d'entre eux vont exceller dans mille petits métiers, où ils s'assureront rapidement une position de monopole : décrotteurs, plongeurs, livreurs de vin, garçons de café, domestiques, croupiers, musiciens, coiffeurs ou blanchisseurs.

Dès les premiers mois de 1850, les banques Rothschild, Lazard, Delessert ouvrent des succursales, parfois dans des cabanes en planches. Les entreprises d'importation prospèrent. La plus importante, Pioche et Cie, jouera un grand rôle dans l'histoire de la ville, puisque M. Pioche créera la première ligne de chemin de fer de Californie. Les magasins de mode se multiplient, à l'image de la *City of Paris* de Felix Verdier, fondée en mai 1850. Des restaurants fins ont ouvert leurs portes dès 1849, comme les Frères provençaux sur Portsmouth Square et la célèbre Poule d'or, que les Américains appelleront *Poodle Dog*. En 1853, San Francisco compte même trois journaux et deux théâtres exclusivement français. Sans oublier les maisons de jeu — où les Français imposent le faro, la roulette, le vingt-et-un,

« Le marquis est commis de son ancien coiffeur, passé banquier. Un ancien banquier, ex-millionnaire, sollicite une place de croupier dans la maison de jeu d'un certain Hercule, qui manie aujourd'hui plus d'or qu'il n'a fait jadis de boulets de 1848. M H. ancien colonel de hussards, lave et repasse des chemises et un ex-lieutenant de vaisseau est porteur d'eau ; le vicomte de B. est un garçon de cabaret et aspire au jour où il deviendra cabaretier ; je ne sais quel duc est décrotteur. »

Comte de Raousset-Boulbon, 1850

l'écarté, le rouge et noir, le lansquenet — et cette autre institution que deviennent les «madams», les prostituées parisiennes, dont le chic impressionne.

Dans cette effervescence, qui se préoccupe d'administrer la ville ?

Sait-on seulement sous quelle autorité elle se trouve placée ? Constatant cette carence, des bagnards arrivés d'Australie à l'automne 1848, appelés les «petits canards de Sydney», s'associent avec des soldats démobilisés après la guerre du Texas, les *Bowery Boys*, pour former ce qu'ils prétendent être une police privée : les «régulateurs», dits encore les «molosses». Organisés militairement, ils terrorisent les étrangers dès le printemps 1849, rackettent les commerçants, pillent et rançonnent en toute impunité — jusqu'au 15 juillet 1849, quand ils saccagent le camp chilien, tuent une femme et tentent de violer sa fille.

Cette fois, c'en est trop : Sam Brannan, le lendemain, harangue la foule sur la Plaza, l'organise en «centuries», fait arrêter les meneurs et conduit un «procès populaire», avec avocats et jury, qui décide le bannissement des «molosses», et l'emprisonnement de neuf de leurs chefs.

Ce n'est qu'un début. Car la ville change si vite qu'elle est en permanence au bord de l'explosion. Entre le 24 décembre 1849 et le 22 juin 1851, six incendies ravagent les quartiers les plus riches. Miracle de l'énergie : à chaque fois, San Francisco se relève en quelques semaines. Mais l'origine criminelle des sinistres ne fait pas de doute.

“ En Californie, une injure ou même quelquefois un léger frôlement sont à l'instant suivis d'un coup de poignard ou de pistolet. «Silence là-bas», crie-t-on de la banque lorsque part un coup de pistolet dans la salle; «je vais te trouer la peau», crie-t-on d'un autre point : telles sont les observations courtes, mais énergiques, qu'on échange de tous côtés.”

Patrice Dillon, consul de France à San Francisco en 1850

AGLE SALOON
BUBB GR
WASHING DONE HERE
STORESHIP
NOTARY PUBLIC
GENERAL S

Dès 1850, on construisit des wharfs tout le long de la côte, bientôt comblés par la terre et les rocs arrachés au sommet de collines, en sorte que les premiers bateaux échoués dans la vase se retrouvèrent entourés de bâtisses! Le plus célèbre de ces bateaux, le *Niantic*, fut transformé en hôtel. Et, encore aujourd'hui, il n'est pas rare de trouver, dans le sous-sol de la ville, des restes de trois-mâts...

Sam Brannan prophétise : ou San Francisco réussit à s'imposer un minimum d'ordre, ou bien elle périra comme une moderne Sodome !

Quand San Francisco compte trois conseils municipaux à la fois

La loi, certes — mais laquelle ? Théoriquement mexicaine jusqu'à l'acte de cession du 2 février 1848, la Californie est de fait sous tutelle militaire américaine depuis la Révolte du drapeau du 14 juin 1846. Mais l'administration locale est restée aux mains des alcades, comme au temps du Mexique. Après le 2 février, sous quelle autorité se placer ?

Les immigrants américains entendent bien s'administrer eux-mêmes — ce qu'accepte dans un premier temps le gouverneur militaire Mason.

Le 27 décembre 1848, une première élection à San Francisco désigne donc un conseil municipal. Mais une nouvelle élection, le 14 janvier, en désigne un deuxième. Sans que l'alcade Leavenworth et son conseil, nommés en 1848, acceptent de se démettre !

Le général Riley, arrivé en remplacement de Mason, s'instaure gouverneur civil, confirme Leavenworth, dissout les autres conseils, réunit une convention à Monterey le 1er septembre 1849, fait voter une constitution en novembre. Mais il faudra attendre le 18 octobre 1850 pour que la Californie soit admise comme le trente et unième Etat de l'Union. San Francisco pendant ce temps vacille, en proie à l'anarchie, sans statut défini, sans loi bien établie...

L'incendie du 4 mai 1851 ravagea tout le cœur de la ville et le quartier marchand. Les pertes furent estimées à 300 millions de dollars. «En quelques heures, l'immense foyer... gagna de tous côtés, avec une furie que redoublait une véritable tempête de nord-ouest», rapporte un témoin français.

Le 9 juin 1851, à l'initiative de Sam Brannan, 148 notables se regroupent en un comité de Vigilants, armé et mobilisable à tout instant

Le 11 juin, un criminel pris sur le fait, Jenkins, est jugé par un tribunal populaire, réuni à l'initiative des Vigilants, et pendu. Les autorités légales protestent timidement. En vain. Quelques semaines plus tard, deux voleurs, Mackenzie et Wittaker sont pareillement exécutés, après un semblant de procès.

Décidés à riposter fermement, les voyous se rassemblent à leur tour et, le 22 juin 1851, incendient une nouvelle fois la ville. Mais ils sont vite défaits : les Vigilants sont maintenant au

D'abord regroupés pour en finir avec le banditisme, les Vigilants prétendirent bientôt soumettre, sinon chasser, les étrangers. A cet effet, certains d'entre eux créèrent une société secrète : les *Know Nothing*.

nombre de 600. Dans les mois qui suivent, la criminalité baisse sérieusement.

Pourtant les Vigilants ne désarment pas. C'est qu'à leurs yeux un autre danger menace la ville et leur suprématie : l'afflux des étrangers, notamment des Français...

Les Français, décidément, deviennent trop nombreux : presque un cinquième de la population de la ville, à la fin de 1851 !

De plus, ils forment un groupe à part, peu désireux d'apprendre l'anglais, que les Américains, par dérision, appellent les «kezkidiz» — question rituelle du Français dans la rue. Plus grave encore : la majorité des anciens insurgés de juin 1848 n'ont pas renoncé à leurs grandes utopies.

On comprend donc que l'annonce de la loterie parisienne des Lingots d'or puisse déclencher la fureur des Vigilants : 5000 émigrants supplémentaires, «l'écume de Paris, dans laquelle se trouvent les pires desperados d'Europe !» assure le consul américain à Marseille. Des desperados, il y en eut, en effet, et des prostituées, pour un tiers environ des Lingots d'or. Mais les deux tiers restants étaient bel et bien des insurgés de 1848.

En février 1852, les malheureux commencent à arriver à San Francisco, dans un état de complet dénuement, pour s'entasser dans des camps de toile préparés à la hâte par le consul Dillon. Probablement celui-ci réussit-il à éviter une explosion, en n'hésitant pas à épuiser tous ses fonds pour leur venir en aide et les envoyer au plus tôt dans les mines. Mais voilà qu'à son tour la Sierra Nevada entre en ébullition...

Pour la plupart des San-Franciscains, la grande affaire était l'arrivée du courrier. Les queues s'allongeaient sur plusieurs centaines de mètres et, comme le triage était lent, on n'obtenait parfois son courrier qu'après cinq ou six jours d'attente. Aussi, certains trouvèrent un métier : vendre leurs places aux impatients les plus fortunés.

Rien ne semble résister à leur frénésie : 40000 chercheurs d'or dès 1849, 60000 en 1850, 100000 en 1852. Mystiques, brigands, socialistes, francs-maçons, réunis dans la même ardeur à éventrer la Sierra Nevada tout entière ! Car, de l'or, on en trouve partout. Plus de 70 tonnes arrachées à la montagne en une année ! Époque de rêve éveillé...

CHAPITRE III

EN ROUTE VERS LES MINES

Si la ruée vers l'or de Californie enflamme à ce point les imaginations, prend très vite une dimension mythique, c'est qu'elle paraît renouer, d'un coup, avec la geste héroïque des grands aventuriers du XVIe siècle, des découvreurs de continents et des conquistadores.

Les premiers chercheurs d'or ne tiennent pas en place, toujours à la recherche du filon mère, du *Mother Lode.* Mais, quand on découvre que toutes les rivières sont également riches, que le nombre des mineurs impose une réglementation plus stricte des *claims* (concessions), quand les techniques plus sophistiquées d'extraction exigent une mise en commun du travail, les premiers camps, puis les premières villes apparaissent. Dès 1849, Sacramento et Stockton deviennent les deux plaques tournantes de la ruée vers l'or.

Sutter ruiné par la découverte de l'or sur ses terres

Cet afflux soudain ne fait pas le bonheur de John Sutter. Sa récolte de blé, en 1850, est pillée en une semaine par les mineurs affamés. Des bandits installés dans une île près de Marysville abattent son bétail, qu'ils vendent à Sacramento. Ses employés disparaissent, eux aussi, attirés par les mines. Des colons prétendent faire paître leur propre bétail sur ses terres. Le fort, déserté, est mis à sac par des vandales, et Sutter doit se résoudre à

Queues interminables, bateaux pris d'assaut : l'afflux est tel qu'un service de vapeurs doit être mis en place entre San Francisco et Fort Sutter. Sam Brannan convainc John Sutter de vendre ses terrains entre le fort et le fleuve. Ainsi naît Sacramento en 1849.

le raser, en 1850, avant de se réfugier dans son domaine de Hock Farm. Car tout, constatent les mineurs, appartient à Sutter ! Mais les émigrants américains font valoir le rude principe des pionniers de l'Oregon : la terre à ceux qui la travaillent. Ils s'installent sur ses domaines, et contestent la validité de ses titres de propriété. Furieux d'être déboutés, ils prendront les armes en août 1850 : quinze jours d'émeutes sanglantes à Sacramento, plusieurs morts, avant que la troupe ne rétablisse l'ordre.

Sutter sauvé ? En fait, rien ne peut arrêter le mouvement de l'Histoire. Sutter devine déjà que la découverte de l'or sur ses terres est en train de le ruiner. En 1851, le bâtiment où étaient gardés ses titres de propriété brûle. Un présage...

La vie dans les camps : comme un avant-goût de l'enfer, ou du paradis ?

Tous les témoignages concordent : en fait de terres promises, les camps de chercheurs d'or sont des cloaques immondes, toujours au bord de la barbarie. Les collines, rasées de leurs arbres, ne retiennent plus la boue en hiver ; aussi n'est-il pas rare que des glissements de terrain engloutissent quelques dizaines de tentes. Aucune hygiène, évidemment. Les mineurs, le soir, enlèvent simplement leurs bottes, qu'ils utilisent en guise d'oreiller — et ils restent souvent trois ou quatre mois sans laver leur vaisselle ni leur linge. Les poux grouillent, à tel point que les mineurs se raclent la peau au *bowie-knife* pour s'en débarrasser (d'où l'expression un terrain «pouilleux d'or» pour qualifier sa richesse). Les rats sont si nombreux et agressifs que les mineurs, pour se protéger, enferment le jour, dans leurs tentes, des serpents ou des chats sauvages ! Les hommes tombent comme des mouches. Leurs cadavres sont abandonnés à l'air libre, hors des camps, pour les repas des hyènes. Pas question, en effet, de creuser une tombe ; et s'il s'était trouvé par hasard un filon au-dessous ?

Mais le voient-ils seulement, tous ces forcenés mal nourris, transis de froid, rongés de fièvre, l'enfer où ils pataugent, et meurent ? Le soir les retrouve autour des tables de jeux dans les camps, ou en ville, dans les bordels de Sonora, d'Angels Camp, de Nevada City, comme si l'or qu'ils ont arraché du sol leur brûlait les doigts, comme s'il leur fallait s'en débarrasser au plus vite, pour recommencer la quête le lendemain. Réunis autour des feux de camps, quakers, mormons, anabaptistes, presbytériens, socialistes utopiques, débattent à l'infini du monde idéal qui va naître, demain. Voilà peut-être le plus fascinant de toute cette épopée — car il n'y eut pas les forbans d'un côté, les mystiques, les socialistes de l'autre : les chercheurs d'or furent à la fois illuminés et hors-la-loi.

San Francisco, en 1852, fait un accueil royal à Lola Montès (à gauche). Elle devient bientôt la maîtresse de Sam Brannan. Trois mois après son arrivée, la voilà déjà qui s'en va à son tour vers les placers.

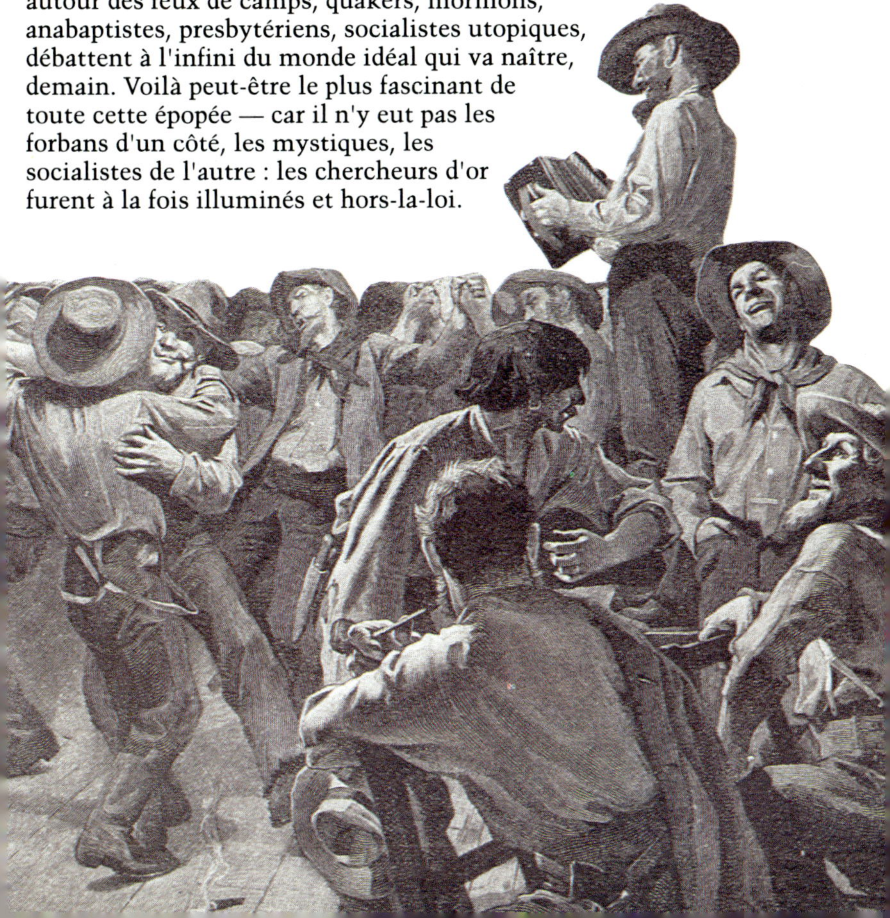

La bible des placers : «les Dix Commandements du mineur»

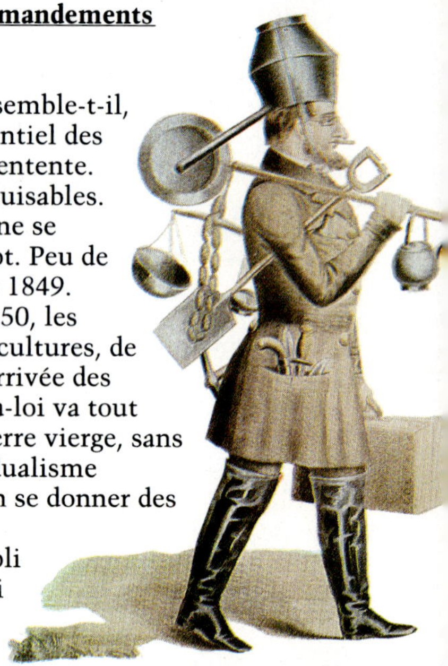

Les premiers mois de la ruée sont, semble-t-il, pacifiques. Les mineurs, pour l'essentiel des paysans paisibles, vivent en bonne entente. L'or paraît abondant, les terres inépuisables. Les tentes restent ouvertes, et l'on ne se préoccupe pas de protéger son magot. Peu de crimes et de vols jusqu'à l'automne 1849.

Mais l'afflux des émigrants en 1850, les différences de langues, de races, de cultures, de coutumes, la rareté des terrains, l'arrivée des convicts de Sydney et autres hors-la-loi va tout balayer. La Sierra Nevada est une terre vierge, sans shérif ni magistrat. Malgré l'individualisme sourcilleux des mineurs, il faut bien se donner des règles pour survivre.

Dès le printemps 1849, il est établi qu'un claim n'appartient à celui qui l'a découvert que s'il continue à l'exploiter. Puis s'élabore, de camp en camp, au fil d'interminables débats, ce qui va s'imposer comme la règle commune : les fameux *Dix Commandements du mineur*, officialisés en 1853 par une loi fédérale.

Mais tout change vite. À peine s'est-on entendu sur la question des claims que les techniques d'extraction déjà ont évolué ; les *sluices* et les *flumes* remplacent les batées et les *long-toms*, obligeant les mineurs à s'associer pour construire des barrages, détourner les rivières.

Comment, dans cette situation nouvelle, se protéger les uns des autres ? Comment, dans le déchaînement des passions égoïstes, maintenir, ou réinventer, un état de société ?

En se regroupant par nationalité, au risque d'autres conflits. En faisant appel à la religion, aussi : obscur, le labeur écrasant des dizaines de pasteurs, qui prêchent sans relâche de camp en camp, n'en est pas moins de première importance.

La géographie du Mother Lode se précise dès la fin de 1849 :
– les mines du Nord, à forte densité américaine, que les convois d'émigrants atteignent à travers les Rocheuses par la piste de Californie, ou depuis Sacramento, en remontant le fleuve ;
– les mines du Sud, où se retrouvent une majorité de Mexicains, de Sud-Américains, de Chinois, d'Européens, que l'on atteint via Stockton en remontant la San Joaquin Valley.

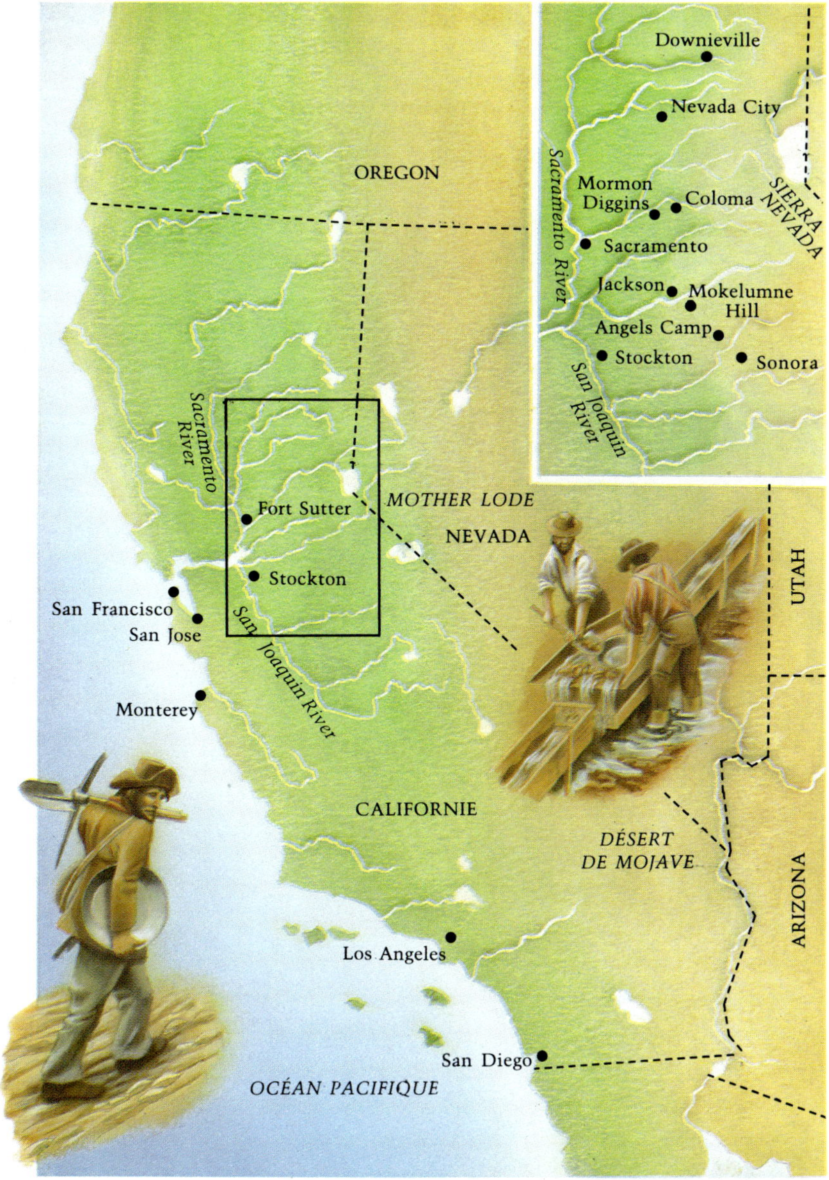
OREGON
Sacramento River
Fort Sutter
Stockton
San Joaquin River
San Francisco
San Jose
Monterey
MOTHER LODE
NEVADA
UTAH
CALIFORNIE
DÉSERT DE MOJAVE
ARIZONA
Los Angeles
San Diego
OCÉAN PACIFIQUE
Downieville
Nevada City
Mormon Diggins
Coloma
SIERRA NEVADA
Sacramento
Jackson
Mokelumne Hill
Angels Camp
Stockton
Sonora
San Joaquin River

Techniques d'extraction

Les premiers chercheurs prospectèrent d'abord les lits des rivières, avec un matériel rudimentaire : la *batée*, sorte de poêle à frire, où ils lavaient le sable et les graviers ; le *craddle*, boîte de tôle percée de trous qui faisait fonction de tamis. Puis vinrent les *long-toms* et les *sluices*, craddles perfectionnés où l'on faisait passer un fort courant d'eau qui chassait la terre et les graviers, laissant l'or, plus lourd, se déposer dans le fond des bacs. Quand on comprit que l'or se trouvait en plus grande quantité dans le flanc des montagnes, il fallut s'associer pour creuser jusqu'à la roche vive, et le transport de l'eau — par des canalisations en bois, les *flumes* — devint un problème. Puis on découvrit que l'or se trouvait pour l'essentiel en minces filons dans les veines de quartz et il fallut réduire en poudre la roche dure avec des marteaux-pilons, ou encore avec des meules rotatives entraînées par des mulets.

Un fragile idéal

« Pendant quelques mois en 1849, on put croire à l'éden retrouvé. Dans toutes les régions minières, on établissait des règlements qui étaient fidèlement observés. (...) Le résultat fut que, dans une région de huit cent cinquante kilomètres de long et habitée par cent mille personnes qui n'avaient ni gouvernement, ni lois régulières, ni soldats, ni forces de police, qui n'avaient même pas de serrures ou de verrous et dont une grande partie possédait assez de richesses pour tenter les vicieux et les dépravés, la propriété et la vie étaient aussi bien protégées que dans n'importe quelle partie de l'Union et la proportion des crimes était aussi réduite. »

Bayard Taylor,
journaliste américain

Franc-maçonnerie et justice populaire dans les camps

La réponse la plus étonnante à cette situation nouvelle est assurément... la multiplication des loges maçonniques !

Pas un village de chercheurs d'or, en effet, qui n'ait son *Mason Hall!* La Western Star Lodge n° 98 est créée à San Francisco le 10 mai 1848 par des émigrants venus du Missouri. En 1853, on compte déjà quatre-vingt loges dans le Mother Lode : elles répondent à un besoin urgent de solidarité, d'une manière particulièrement adaptée à une population nomade, car le mineur franc-maçon arrivant dans un camp peut trouver aussitôt une assistance auprès des autres maçons. La première forme de société dans le Mother Lode fut donc... une société secrète !

Mais l'humour ne perdait jamais ses droits. Dans l'hiver 1851, J. H. Zumwalt et quelques compères bloqués comme lui dans la neige, pour se moquer de la solennité des rites maçonniques, décident de fonder un ordre parodique voué à la consommation de boissons fortes et à l'invention de blagues énormes : le *E clampus vitus*. Et il faut croire que la blague était bonne : les *clampers* proliféreront au point de former vers 1860 l'ordre le plus important de Californie — et la société d'entraide la plus efficace. Mark Twain, dont l'œuvre exprime si exactement la philosophie des clampers, en fera partie.

L'humour et la franc-maçonnerie ne peuvent pourtant suffire à régler tous les conflits. La justice des mineurs est des plus simples, du moins dans son principe : une confiance totale a priori, et la promesse de sanctions terribles en cas de faute. Les jugements sont rendus sans délais par la foule, à main levée. Pas de prison : la corde en cas de crime ou de vol, et le fouet pour le reste, avec quelques variantes — oreilles coupées, marques au fer rouge, crânes rasés avec bannissement. Quelques événements tragiques — comme la

Sous le prétexte de maintenir l'ordre, les mineurs américains tentèrent un peu partout d'expulser les étrangers. A l'exemple de Deer Creek, plusieurs camps élirent un alcade pour ordonner leur expulsion — en leur laissant généralement trois heures pour plier bagage. Il est vrai qu'en février 1849 déjà, le général Smith, nouveau gouverneur militaire de Californie, avait manifesté son intention de leur interdire l'exploitation des mines.

pendaison, le 4 juillet 1851 à Downieville, d'une Mexicaine enceinte, Juanita, coupable selon la foule ivre morte d'avoir poignardé l'homme qui voulait la violer — vont démontrer les limites de la justice populaire : la foule elle-même peut se révéler criminelle. En condamnant un innocent. Mais surtout quand un groupe, en position dominante, entend faire régner sa loi sur les plus faibles.

Premiers troubles dans la Sierra : quand les mineurs américains tentent de chasser Chinois et Mexicains

Aux Chinois, ils reprochent non seulement de former un monde à part, avec ses propres lois, ses tribunaux et même son bourreau, mais aussi d'accepter de travailler à n'importe quel prix, cassant du même coup le marché du travail. Par ailleurs, ils sont de redoutables chercheurs d'or, de plus en plus nombreux : 750 au début de l'année 1850, 4000 en 1851, 12000 en 1852. Aussi, tout paraît bon pour les décourager. Lynchages, brimades, meurtres : les malheureux Chinois endureront sans broncher un véritable martyre.

Aux Mexicains, surnommés avec mépris les «graisseux», les Américains font surtout grief d'avoir été, avec les Indiens, les propriétaires de la Californie. Pour tous ces rudes puritains, il fallait trouver à la conquête une justification sinon divine du moins morale. Les Mexicains se trouveront donc accusés des pires tares : voleurs, lâches, paresseux, vicieux, coupables de mener, dans les haciendas, une vie de farniente et de débauche.

Circonstance aggravante : ces Mexicains se révèlent des chercheurs d'or exceptionnels, les seuls à maîtriser la technique de l'extraction à sec, les premiers capables d'extraire l'or du quartz. Raison de plus pour les chasser !

Les mineurs étrangers se mobilisent contre l'«affaire de la taxe»

Chiliens, Péruviens, Irlandais, Allemands, Français, rencontrent les mêmes problèmes lorsqu'ils ne sont pas assez nombreux pour se défendre. Aussi, au joyeux pêle-mêle des premiers mois succède une nouvelle répartition : une majorité d'Américains au Nord, tandis que les camps du Sud et du Centre deviennent les places fortes des Européens et des Hispano-Américains.

Le 13 avril 1850, la nouvelle législature de l'Etat de Californie décide qu'aucun étranger ne peut prospecter sans une licence, dont le montant est fixé à 20 dollars par mois.

Cette mesure, contraire aux conventions en

Les Chinois vécurent dans les mines un véritable calvaire : brutalités (le passe-temps favori des mineurs blancs consistait à couper leurs nattes, ou à les pendre à un arbre pour les fouetter), discriminations (il leur était interdit de posséder de la terre, à moins de l'avoir achetée à un Blanc), expéditions punitives dès qu'ils avaient mis à jour un bon filon.

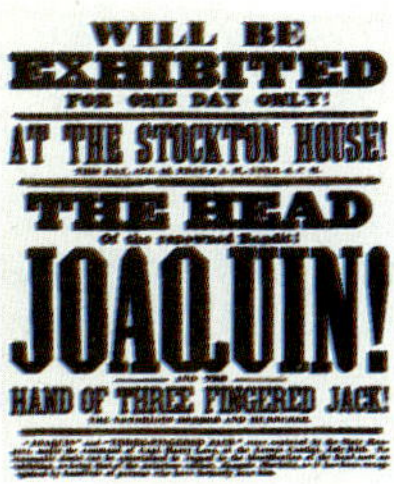

Joaquim Murieta, hors-la-loi, était le vengeur des Mexicains spoliés. Pendant trois ans, ce Robin des Bois californien terrorisa les mineurs.

vigueur entre les Etats-Unis et un certain nombre d'Etats, vaut une déclaration de guerre. Durant l'été 1850, une intense agitation s'empare de tous les camps du Sud. Dans leur quartier général de Sonora, les Mexicains se préparent à l'affrontement. Les Français se font remarquer dans les meetings par leur virulence.

L'esprit des barricades dans la Sierra Nevada : l'insurrection de Mokelumne Hill

Lorsqu'en octobre 1850 les agents de l'Etat prétendent encaisser la fameuse taxe, les Français installés dans la vallée du San Joaquin prennent les armes : ils n'ont pas fait plier leur gouvernement en 1848 pour trembler devant un shérif.

En mars 1851, une banale contestation des limites d'un claim, à Mokelumne Hill, dégénère en bagarre générale. Un Irlandais est tué d'un coup de pioche par un mineur français. Les 2000

« Le camp de Murphy est presque exclusivement habité par des Français, tous insurgés de juin, matelots déserteurs ou repris de justice, qui ont conservé toute la violence sauvage des passions politiques qui les ont fait courir aux barricades en 1848. Aux regards farouches qu'échangent les Américains et les Français, aux propos qui circulent, aux mille bruits qui se propagent, il est évident que l'explosion éclatera tôt ou tard. »

Alexandre Achard

Français de la région (pour une population globale de 6000 prospecteurs) se replient sur les hauteurs de French Hill, armés jusqu'aux dents. Les mineurs hissent le drapeau tricolore et s'organisent militairement en compagnies, tandis que des émissaires partent vers les placers voisins. Les Américains, eux aussi, se rassemblent. Les Français accourent en groupes de plus en plus compacts, les esprits s'échauffent : armés, disciplinés, ne sont-ils pas plus forts que les troupes américaines ? Le consul Dillon doit déployer toute son autorité pour qu'enfin le 3 mai les mineurs renoncent à leur projet. Il n'y eut pas de poursuite, les Français obtiennent même de garder drapeaux, armes et munitions ; on est passé tout près d'une guerre civile ! La taxe imposée aux mineurs, d'abord abrogée, sera rétablie en 1852, mais au tarif raisonnable de 3 dollars par mois.

Flibustiers quarante-huitards à la conquête du Mexique : l'odyssée de Raousset-Boulbon

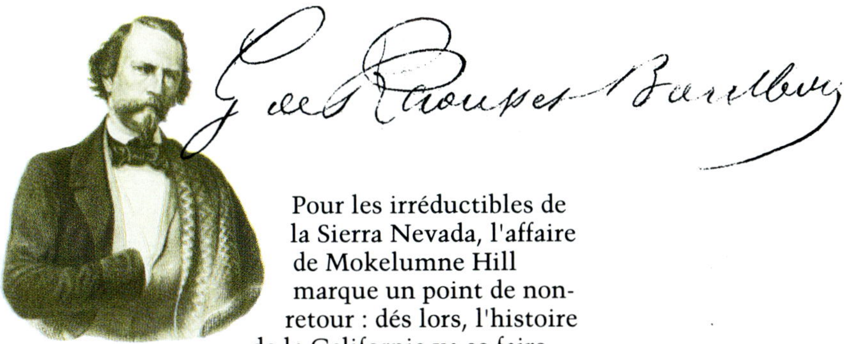

Pour les irréductibles de la Sierra Nevada, l'affaire de Mokelumne Hill marque un point de non-retour : dés lors, l'histoire de la Californie va se faire sans eux. Reste le rêve d'une république nouvelle !

Or, à la même époque, le Mexique, déchiré, affaibli, cherche à protéger ses frontières du nord de la pression américaine et des raids meurtriers des Apaches : l'or, assure-t-on, se trouve à profusion dans les montagnes du Sonora. Pourquoi ne pas y installer des colonies de peuplement ?

Le comte de Raousset-Boulbon, arrivé en 1850 en Californie, après plusieurs tentatives malheureuses comme commerçant et prospecteur, s'embarque le 19 mai 1852 pour Guaymas (Sonora) avec 250 hommes, anciens de 1848, mutins de Mokelumne Hill, ou «lingots d'or» fraîchement débarqués.

Mais, dès leur arrivée, les Mexicains s'inquiètent : ils attendaient des agriculteurs et des chercheurs d'or et voilà une armée ! Tergiversations, fausses promesses... Raousset-Boulbon, exaspéré, marche sur la capitale, Hermosillo, où il écrase l'armée mexicaine, le 14 octobre. Le voilà maître du Sonora...

Las, il tombe grièvement malade, ses hommes se déchirent, s'affolent, négocient piteusement leur rapatriement en Californie, où Raousset, guéri, est accueilli en héros par l'émigration française. Un certain Walker, admiratif, monte une compagnie de flibustiers, part à la conquête de la Basse-Californie — il finira dictateur du Nicaragua, avant d'être pendu par les Anglais. Raousset, lui, ne se décourage pas. Il rêve d'être un nouveau Cortés, un Pizarre. Il monte une seconde armée, repart à la conquête du Sonora en 1854, livre bataille à Guaymas le 12 juillet. Echec, cette fois : il finira fusillé le 12 août 1854, devant la mer, à Guaymas. Ainsi s'achèvent brutalement les rêves de nouveau monde des utopistes français chercheurs d'or...

Cité prospère, San Francisco n'en demeure pas moins la ville de tous les dangers

Mais cet échec n'est pas encore connu des Américains — qui s'inquiètent d'autant plus de ces visées impérialistes que San Francisco, de nouveau, paraît au bord de l'explosion.

La corruption règne encore à tous les échelons. Les fumeries d'opium de

Les marins l'appelèrent «Barbary Coast» en référence à la côte africaine. Et c'est bien d'une jungle qu'il s'agissait, en effet, peuplée de fauves, et de proies. Alcool, drogue, prostitution, meurtres : ce quartier devait valoir à San Francisco, jusqu'au tremblement de terre de 1906, la réputation d'être la ville la plus dangereuse du globe.

Chinatown font des ravages. Le quartier de la Barbary Coast compte le plus fort contingent de prostituées du monde. Prospère, la ville est aussi lourdement endettée. En 1854, le premier ralentissement de la production d'or entraîne une crise sévère : 300 faillites, dont celle de la plus grande banque de Californie.

La tension entre les communautés est extrêmement vive. Les *Know Nothing* s'inquiètent du «péril catholique» : Italiens et Irlandais ont amené avec eux leurs prêtres et leurs religieuses ; écoles et collèges catholiques sont déjà plus nombreux, et de meilleure qualité, que leurs homologues protestants. Si, par solidarité «latine», vient s'ajouter à cela le poids des flibustiers français et des groupes de Mexicains lésés, tout ne peut-il pas basculer ? Le meurtre du journaliste James King of Williams par un policier irlandais, James P. Casey, accusé d'avoir protégé le criminel

Trente mille personnes suivirent les funérailles du journaliste Charles Williams, à l'heure même où les Vigilants pendaient Cora et Casey.

Charles Cora, le 14 mai 1856, met le feu aux poudres. Quelques pasteurs exaltés prêchent la guerre sainte contre les étrangers, rendus responsables de toutes les tares de la ville. Le goût de la démocratie directe et de la justice populaire mène droit au lynchage. Charles Cora et son protecteur sont pendus haut et court le 22 mai. San Francisco vacille un instant au bord du gouffre, mais c'est une Californie nouvelle qui naîtra de cette crise, et des élections de1857.

A l'aventure éphémère de la ruée succède l'ère industrielle

De la recherche dans le sable des rivières on passe peu à peu aux méthodes industrielles d'extraction, car l'essentiel de l'or se trouve dans les veines du quartz, au plus profond des montagnes. Dès 1854, les canons à eau des Malakoff Diggins attaquent les flancs de la Sierra. Les hommes d'affaires de l'Empire Mine règnent en maîtres. Le pittoresque digger, individualiste ombrageux, appartient désormais à un autre siècle.

Huit années de démesure et de violence et 807 tonnes d'or! Mais le caractère unique de la ruée en Californie tient peut-être à ceci : un monde là-bas est né de la conflagration de tous les rêves, de tous les désirs, de toutes les utopies du siècle.

Montagnes éventrées, forêts dévastées, torrents détournés, villes abandonnées, brûlées, inondées : au bout de quelques années, la Sierra Nevada de la ruée vers l'or ressemblait à un pays bombardé.

Au milieu des années 1850, les compagnies minières, largement mécanisées, ont remplacé la plupart des prospecteurs individuels. Parmi les nouvelles techniques utilisées, les canons à eau géants des Malakoff Diggins se révèlent d'une efficacité redoutable : chaque jour, 50000 tonnes de gravier sont arrachées à la Sierra Nevada. C'est un épais torrent de boue qui, dès le début des années 1860, commença à dévaler les pentes, ensablant la Yuba. Quand l'entrée de la baie de San Francisco fut menacée d'obstruction, les autorités commencèrent enfin à s'émouvoir. Le 7 janvier 1884, le juge Sawyer rendit un arrêt qui condamna l'exploitation hydraulique.

Gold Washing

Un continent perdu dans les mers australes, aux trois quarts inconnu. Une lointaine colonie, où l'Angleterre se débarrasse de ses bagnards. Une poignée de paysans luttant pour leur survie. Et de l'or, tout à coup, de l'or comme jamais, peut-être, on n'en avait trouvé. Des champs d'or, partout, que l'on dirait inépuisables.

CHAPITRE IV

SUR LES CHAMPS D'OR DE BALLARAT

La ruée australienne devait frapper l'imagination par la taille exceptionnelle des pépites découvertes : la plus grosse, à Ballarat, pesait 132 livres !

Rentré fin 1849 de Californie, Edward Hammond Hargraves, un mineur australien, explore aussitôt la montagne entre Wellington et Bathurst, dans les Nouvelles-Galles du Sud. En janvier 1850, il découvre quelques pépites dans une crique. Il poursuit sa recherche, remonte la rivière Macquarie et tombe sur un autre filon. Il rentre alors à Sydney, porter la grande nouvelle.

Le gouverneur des Nouvelles-Galles entend bien tout faire pour canaliser la ruée

Le 19 mai, 400 prospecteurs, pour l'essentiel des paysans et de paisibles bergers des environs, prennent la route pour la Summer Hill Creek, près de Bathurst.

Fin mai, la fièvre de l'or gagne Sydney, puis Melbourne, Adélaïde et Hobart. Début juillet,

En septembre 1850, une ville de toile s'édifie en un clin d'œil à Sofala, sur la Turon. Elle compte des magasins, des bouchers, des charpentiers, des forgerons, un médecin et même un cirque. Mais rien des plaisirs, des jeux, de l'effervescence des villes champignons de la Californie : le commissaire du gouvernement refuse de délivrer des licences d'alcool !

1000 personnes prospectent les berges de la Turon sur une quinzaine de kilomètres, 3000 personnes à la fin du mois. Les mineurs, qui ont adopté les tenues des chercheurs d'or californiens mais aussi leurs techniques et leur «communisme spontané», tempêtent bien un peu d'être encadrés, taxés, surveillés par des commissaires du gouvernement. Mais, à la fin de l'année, le calme règne — et la production de la province est de 100000 onces.

A Ballarat et à Bendigo : de fabuleux champs d'or

Victoria, la province voisine, s'inquiète. Encore peu peuplée mais dynamique, va-t-elle voir son fragile essor compromis par l'appel de l'or en Nouvelles-Galles ? En juin, la municipalité de Melbourne décide d'offrir une récompense de 200 livres à qui découvrira de l'or à moins de 300 kilomètres... Le 25 août, six prospecteurs lavent 30 onces d'or dans le courant d'une rivière à Ballarat. En quelques semaines, des mineurs, par centaines, dévastent les collines boisées. L'excitation est à son comble : le gisement paraît exceptionnel. En septembre, le gouverneur Latrobe adopte la même législation qu'en Nouvelles-Galles.

Prospectant, en octobre 1849, les berges de la Tuolumne en Californie, Edward Hammond Hargraves avait été frappé par la ressemblance du terrain avec celui des montagnes Bleues des Nouvelles-Galles du Sud, chez lui, en Australie. Il ne fut pas le premier à y découvrir de l'or. Un géologue polonais avait déjà trouvé quelques pépites près de Hartley, en 1839. Mais les autorités de l'époque avaient jugé préférable, eu égard à la forte concentration des bagnards, de tenir secrètes ces découvertes. Cette fois, le gouverneur Deas choisit d'en faire l'annonce. Et Hargraves fera fortune.

Willkommen Klumpen."

Batées, long-toms, flumes : les techniques d'extraction furent semblables à celles expérimentées en Californie. En revanche, l'organisation de la ruée fut tout à fait différente. La terre appartenait légalement à la Couronne britannique ; aussi les champs aurifères furent-ils placés par les gouverneurs des provinces sous l'autorité de commissaires au gouvernement, assistés par la force publique. Ils étaient seuls habilités à délivrer des concessions, qui ne pouvaient excéder 1 200 mètres de berge par personne, contre une licence de 30 shillings par mois, payables d'avance. En échange, l'administration assurait la sécurité des personnes et des biens et, en fin de mois, un convoyage armé de l'or collecté. C'est probablement ce qui évita une explosion dans ce pays fragile, à forte densité de bagnards.

Dès octobre, Melbourne et Geelong se vident, les magasins ferment, les femmes, abandonnées, s'organisent en groupes d'auto-défense. Fin octobre, 7000 personnes creusent la montagne de Ballarat, à Gold Point. Puis on découvre de l'or à Bendigo Creek. Les *diggers*, exultant, courent de découverte en découverte, délaissant leurs claims à peine entamés. Ne dit-on pas que Bendigo sera plus riche encore que Ballarat ? A la mi-décembre, 20000 personnes s'y bousculent et arrachent deux tonnes d'or par semaine à la montagne ! Ballarat, bien qu'à peine prospectée, ne compte déjà plus que 300 chercheurs d'or...

A Melbourne, les prix grimpèrent de 30 à 100 % dans les premiers mois de 1852. Des augmentations de salaires de 200 % pour les travailleurs manuels, de 50 % pour les fonctionnaires, furent incapables d'arrêter l'hémorragie. La ville se vida de ceux qui en assuraient le fonctionnement.

En 1852, 5000 à 7000 personnes affluent chaque mois des autres régions d'Australie

En quelques semaines, Adélaïde est désertée. Dans les six premiers mois de 1852, la Van Diemen's Land, où sont regroupés les convicts, perd 10000 de ses 70000 habitants. Comment arrêter ce flux ? Le gouverneur Latrobe tente de doubler le prix de la licence, afin de se doter des moyens nécessaires à l'ordre public. Mais il se heurte à un tel tollé des mineurs qu'il préfère y renoncer.

Les arrivants sont si nombreux qu'on ne trouve plus une place pour dormir. Les miséreux se pressent sur les collines, dans les camps de toile qui deviennent des ghettos. Les vivres manquent, car les éleveurs fournissent en priorité les chercheurs d'or.

Grande comme seize fois la France, l'Australie ne comptait en 1850 que 400000 habitants — dont 50000 aborigènes. L'intérieur du continent restait inconnu. Un pays neuf, et d'autant plus fragile que l'Angleterre déversait chaque année par milliers ses bagnards dans la Van Diemen's Land (actuelle Tasmanie). A quoi s'ajoutaient les prisonniers politiques irlandais et les droits-communs déportés après avoir purgé leur peine. Des convicts évadés se mêlaient à la pègre des ports, et des émeutes de protestation contre cette invasion de hors-la-loi avaient déjà éclaté à Sydney et à Melbourne. Le souci constant des autorités fut de contrôler autant qu'il se pouvait la ruée vers l'or. Aussi, les zones explorées, dans les premières décennies, ne dépassèrent pas les limites des provinces de Victoria et des Nouvelles-Galles du Sud.

Le flot grossit toujours, malgré la sécheresse, et la dysenterie qui ravage le camp de Mont Alexander. En janvier 1853, la mise à jour d'un des plus riches filons de l'histoire de la ruée relance l'expansion de Ballarat. Des chercheurs d'or, irlandais et écossais pour la plupart, chassés de Grande-Bretagne par la famine, commencent à affluer, à raison de 15000 par mois.

Le gouverneur Latrobe réussit en 1853 à vider Melbourne de ses plus dangereux malfaiteurs. Les routes autour de la ville furent même dégagées, quelques bandits de grand chemin arrêtés ou exécutés. Mais les revenus de la taxe prélevée sur les mineurs étaient trop faibles pour permettre d'assurer l'ordre durablement. Plusieurs scandales à Castlemaine et à Ballarat démontrèrent bientôt une évidente collusion entre les convicts et certains agents du gouvernement.

L'euphorie, déjà, se double d'inquiétude. Les marchands font fortune, mais la province s'enfonce dans le chaos

Hélas, la plupart de ces «émigrants de la misère» venus de Grande-Bretagne se révèlent incapables d'assumer les difficultés de leur nouvelle existence. Melbourne vit dans la terreur des miséreux entassés dans le ghetto de Canvas Town. Vols et assassinats ne se comptent plus. Les convicts forment des bandes armées qui terrorisent les campagnes, pillent les fermes, attaquent et rançonnent les convois. Il devient de plus en plus difficile de percevoir le montant des licences dans les camps de mineurs, et d'y faire respecter l'interdiction de vente d'alcool — d'autant que la corruption règne à tous les échelons de la police.

Les efforts du gouverneur Latrobe pour rétablir l'ordre sont de peu d'effet. Aux exactions des

Dans la technique du *horse puddler,* le minerai, préalablement concassé, est broyé sur une aire pavée par une lourde pierre attachée à l'extrémité d'un bras horizontal et mise en mouvement par une bête de trait.

malfaiteurs s'ajoutent en 1853 des troubles dans le camp d'une tout autre nature : les mineurs, largement majoritaires dans la province, refusent d'être plus longtemps privés de tous droits politiques sous le prétexte qu'ils ne sont que migrants. Un cahier de doléances circule de camp en camp.

Tout l'hiver, Bendigo, McIvor et Mont Alexander sont en effervescence. Meetings, pétitions et députations se succèdent. Inquiet, le conseil de la province cède sur la question de la licence. Première victoire.

Sir Charles Hotham, le nouveau gouverneur, trouve Victoria dans une situation critique. D'abord, songe-t-il, désamorcer la crise! Dès septembre 1854, il se rend lui-même dans les mines, promet des réformes rapides — à commencer par la délivrance de licences d'alcool. Mais les événements le prennent de vitesse.

Le drapeau des mutins flotte sur Ballarat

Car, entre-temps, les idées libertaires ou socialistes ont gagné du terrain sur les claims, portées par les révolutionnaires irlandais, les chartistes anglais — et les premiers contingents de chercheurs d'or californiens. Le 11 novembre, une

Ligue réformiste, élue à Ballarat, réclame l'abolition des licences, la suppression des commissaires, et une réforme des listes électorales. Au fil des meetings dans les camps, les utopies californiennes embrasent les imaginations. Une «constitution révolutionnaire» circule sous le manteau. Le 27 novembre, Hotham reçoit plutôt fraîchement la Ligue des mineurs : des réformes, oui, mais force restera à la loi !

Fureur à Ballarat : un meeting monstre décide aussitôt la destruction de toutes les licences, et la protection des mineurs menacés. Des émissaires sont envoyés vers les camps les plus reculés.

Huit mineurs arrêtés sont libérés par la force.

La province de Victoria doit à l'or son développement rapide. On calcule qu'un tiers du sol total de la colonie peut être considéré comme aurifère. Là comme ailleurs, le travail de recherche a commencé par les alluvions, mais on s'aperçut vite qu'elles n'étaient pas inépuisables. Grâce à une prodigieuse extension de la machinerie et des capitaux engagés, l'exploitation des *reefs* de quartz a pris un très grand essor.

Un Irlandais, Peter Lalor, est nommé commandant en chef des mineurs en armes. Les mineurs prêtent solennellement serment de fidélité. Armes, munitions et chevaux sont réquisitionnés. La route de Melbourne est barrée à Eureka par des troncs d'arbre. La constitution révolutionnaire circule dans les faubourgs. Le drapeau de la république des Mineurs, étoiles d'argent sur champ d'azur, domine la colline de Ballarat.

Hotham réagit avec fermeté. Le 3 décembre, la troupe attaque par surprise la barricade d'Eureka, abat une trentaine de mineurs désarmés et fonce sur Ballarat. Les mineurs, dans leur majorité, n'étaient pas prêts à une telle montée aux extrêmes. Les révolutionnaires se retrouvent isolés. Peter Lalor, blessé, s'enfuit. Et, le 6 décembre, les insurgés de Ballarat se rendent piteusement.

C'en est fini de la république des Mineurs, d'autant plus que Hotham, dès sa victoire assurée, prend une série d'initiatives heureuses, telles que la suppression des licences et la représentation des mineurs à l'Assemblée législative de 1855.

Encourageant la formation de grandes compagnies, la législation de 1855 marqua la fin de ce type d'exploitation artisanale.

L'échec des mineurs de Ballarat marque la fin des temps héroïques

D'autres gisements, bien sûr, sont découverts, mais quelque chose est brisé. Désormais, l'or va s'extraire, prosaïquement, comme n'importe quel autre métal. Le poids politique des mineurs restera négligeable. La répression brutale, puis les réformes de Hotham ont désamorcé la crise : aux

élections de 1855, un huitième seulement des mineurs inscrits voteront.

Un lent reflux s'opère. Reste d'utopie californienne ? Ballarat se distingue pendant quelques années, en essayant de s'organiser en système coopératif. Les aventuriers s'en vont : en 1861, 15 000 d'entre eux s'embarquent pour la Nouvelle-Zélande, où l'on a mis à jour des gisements prometteurs.

Reste l'Australie de l'Ouest, mystérieuse, presque inhabitée. En 1892 et en 1893, on y découvre des gisements fabuleux à Coolgardie et à Kalgoorlie. Plus encore peut-être que Ballarat et Bendigo ! Des conditions de vie épouvantables, l'absence de toute civilisation, de toute administration : le retour, enfin, de la légende de l'or ? Mais l'Australie, décidément, n'est pas la Californie : ce sont des compagnies, montées à Londres, qui assureront pour l'essentiel la mise en valeur des champs d'or de Kalgoorlie...

Les premiers prospecteurs qui se lancèrent dans les déserts de l'Ouest durent affronter des conditions très difficiles. Ainsi le point d'eau le plus proche de Kalgoorlie était-il un lac d'eau salée, distant d'une dizaine de kilomètres...

« Leur cœur devint comme de la pierre, et ils se transformèrent en bêtes, les hommes du Dead Horse Trail », racontera Jack London. Dans l'enfer blanc du Klondike, le dernier grand rendez-vous des chercheurs d'or. Un voyage au bout de la souffrance, de l'horreur et de la misère. Et une ruée qui s'achève, à peine commencée. Que cherchaient-ils tous, ces forcenés qui gravèrent la légende de la Chilkoot Pass ?

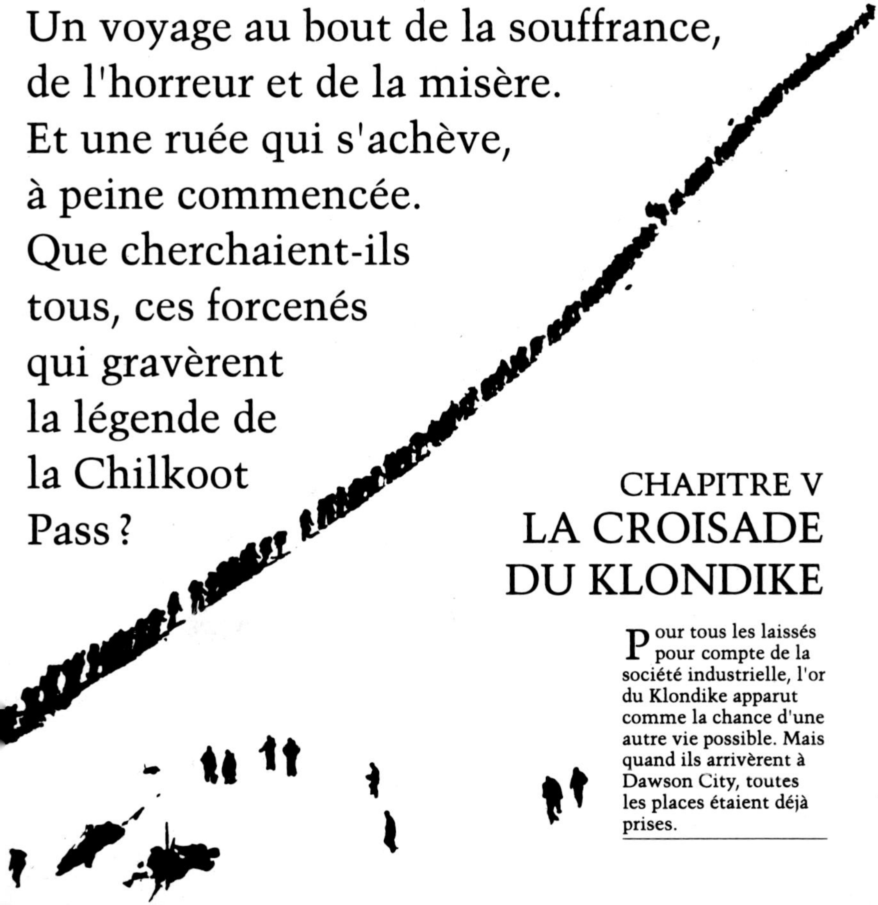

CHAPITRE V
LA CROISADE DU KLONDIKE

Pour tous les laissés pour compte de la société industrielle, l'or du Klondike apparut comme la chance d'une autre vie possible. Mais quand ils arrivèrent à Dawson City, toutes les places étaient déjà prises.

Contrairement à ce que l'on croit souvent, tout n'a pas commencé en 1896 par la découverte de quelques pépites dans les sables du Klondike. De l'or, on en avait trouvé depuis longtemps, et en quantité, en Alaska — bien avant même que les Russes ne vendent le territoire aux Etats-Unis, en 1896. Aussi, dès le début des années soixante-dix, vit-on arriver les uns après les autres tous les écumeurs de placers qui, après la Californie,

s'étaient obstinés à gratter du nord au sud l'épine dorsale de l'Amérique.

En janvier 1880, un Canadien français, Juneau, trouve de l'or sur Douglas Island. Puis un autre Français découvre une veine de quartz aurifère non loin de là. Mise en valeur par un industriel de San Francisco, elle se révélera être une des mines les plus productives du monde. Dès 1881, la ville de Juneau compte 1 500 mineurs, pour une production estimée à 500 000 dollars.

Déjà, les plus hardis ont franchi la chaîne côtière et commencent à explorer la vallée du Yukon. En octobre 1886, on trouve de l'or sur la Forty Miles Creek, un affluent du Yukon (ainsi nommé d'après la distance qui le sépare de Fort

Code de survie, procédés de conservation des aliments, techniques de transport en hiver sur des traîneaux tirés par des chiens *huskies*, méthodes d'extraction de l'or : si toutes ces techniques n'avaient pas été mises au point par les premiers pionniers, il est probable que les «pieds-tendres» de 1897 seraient tous morts...

Reliance), puis en 1892, sur la Sixty Miles, et en 1893, à Birch Creek, 320 kilomètres plus bas. Ainsi, plusieurs années avant la ruée, le Yukon compte déjà quelques dizaines de camps de chercheurs d'or — et deux petites villes, Forty Miles et Circle City, que l'on dirait sorties tout droit des années de fièvre de la Californie.

La république des chercheurs d'or : le vieux rêve communautaire des diggers californiens prend enfin corps

L'Alaska a été laissé sans loi ni administration par les Etats-Unis. Et, même pour le Canada, le Yukon, en ce temps-là, paraît bien lointain. Aussi, sans se préoccuper de la frontière théorique qui traverse la vallée du Yukon, les chercheurs d'or peuvent-ils se gouverner selon leurs propres lois.

Pour leur ravitaillement, ils dépendent tous de deux rafiots, le *New Racket* et l'*Arctic*, qui remontent chaque été depuis le vieux port russe de Saint-Michael, sur la mer de Béring, jusqu'à Forty Miles ; un voyage long et difficile qui ne peut être effectué qu'une fois l'an, avant les glaces.

Mais pour le reste, ils sont libres, merveilleusement libres. Qui viendra leur demander des comptes, dans ces étendues glacées ? Un rêve de paradis terrestre — le retour aux principes du christianisme des premiers âges, s'émerveille William Bompas, un prêtre anglican venu s'établir à Forty Miles avec sa femme. Cette petite république des chercheurs d'or réussit en quelques années une étonnante adaptation à la rudesse du *wilderness.*

Quartier général de mineurs : comme dans toute communauté utopique qui se respecte, les mineurs de Circle City, soucieux de culture, avaient installé une bibliothèque, avec les œuvres complètes de Carlyle, Darwin, Huxley, Irving, Macaulay et Ruskin.

Dix saloons comme celui-ci, un club shakespearien, un *opera house* avec une troupe de danseuses venues de San Francisco, une lingerie «à la mode de Paris»... Forty Miles s'enorgueillissait aussi d'un redoutable «Forty Rods Whisky», capable, disait-on, d'abattre un homme à 200 mètres.

Gloire et malheurs de Forty Miles

Ni shérif ou maire, ni police ou prison : les mineurs adaptent simplement les «dix commandements» californiens aux circonstances nouvelles. Et, Californie oblige, créent une loge maçonnique très active : le Yukon Order of Pioneers. Les claims sont enregistrés auprès d'une personne élue par le groupe, et nul n'a le droit de posséder plus de terrain qu'il ne peut en travailler. Les mineurs, sur simple parole, ont un crédit illimité dans les magasins. Le partage des vivres est de règle. Ni clé ni serrure : les cabanes sont toujours ouvertes aux passants qui peuvent y entrer, manger et dormir, à condition de laisser assez de provisions et de bois pour le suivant. Autant de principes simples, mais nécessaires pour survivre.

Ces aventuriers rudes et fort buveurs vivent en paix jusqu'en 1896. Mais Forty Miles,

peuplé d'Américains, n'en demeure pas moins sur le sol canadien. Déjà, en 1894, appelé à la rescousse par un patron de saloon qui refuse de se plier à une décision collective, l'inspecteur Charles Constantine de la Police montée met fin à la «loi des mineurs».

Les chercheurs d'or désertent aussitôt Forty Miles, franchissent la frontière pour s'établir à Circle City, qu'on n'appelle plus dès lors que le «Paris du Pacifique». Un music-hall, deux théâtres, huit dancings et vingt-huit saloons en 1896 ! La production d'or de l'année dépasse le million de dollars. Circle City paraît à son apogée. Qui pourrait se douter qu'avant la fin de l'hiver, elle va devenir une ville fantôme ?

Comment un épicier mythomane, un prospecteur malchanceux et un «Indien blanc» incompétent vont lancer la grande ruée vers le Yukon

En juillet 1896, un prospecteur, Robert Henderson, arrache quelques pépites aux sables d'un lointain affluent du Yukon. Voilà trente-trois ans déjà qu'il explore sans succès tous les champs d'or de la planète. A Ogilvie, un commerçant français, Joseph Ladue, après l'avoir secouru, l'a convaincu d'explorer un affluent du Yukon, selon lui «pourri d'or», l'Indian River.

Mais Ladue est un mythomane, qui répète la même fable à tous les arrivants alors que lui-même, en quatorze années passées sur le fleuve, n'a jamais trouvé le moindre grain d'or. Henderson, qui l'ignore, creuse pendant des mois l'Indian River. En vain. Et puis un jour, derrière une colline, il découvre une rivière inconnue qu'il prospecte à tout hasard. Huit *cents* d'or à la première batée ! Le camp de Sixty Miles, à cette annonce, se vide aussitôt, et Ladue reste seul à Ogilvie, où Henderson est revenu le temps de s'approvisionner.

A son retour, les eaux de l'Indian River ayant baissé, il tente de rejoindre son claim par un autre affluent du Yukon, le Thron-Diuck. Sur sa route, il rencontre le troisième acteur de l'affaire, George Washington Carmack.

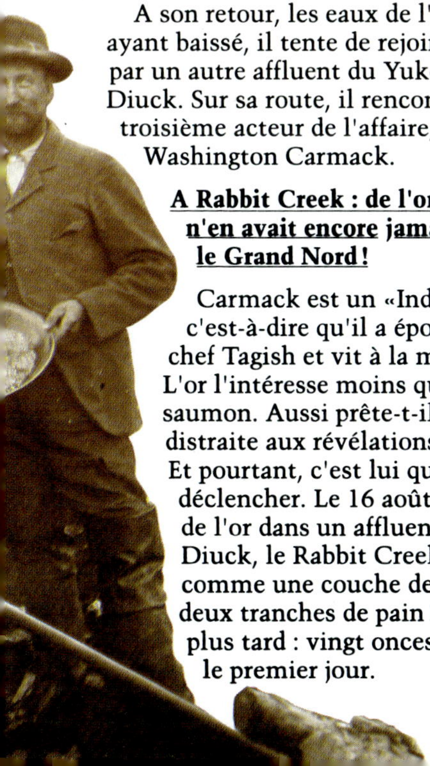

A Rabbit Creek : de l'or, comme on n'en avait encore jamais vu dans le Grand Nord !

Carmack est un «Indien blanc», c'est-à-dire qu'il a épousé la fille d'un chef Tagish et vit à la mode indienne. L'or l'intéresse moins que la pêche au saumon. Aussi prête-t-il une oreille distraite aux révélations d'Henderson. Et pourtant, c'est lui qui va tout déclencher. Le 16 août 1896, il trouve de l'or dans un affluent du Thron-Diuck, le Rabbit Creek. «Epais comme une couche de fromage entre deux tranches de pain !», racontera-t-il plus tard : vingt onces ramassées dès le premier jour.

Les premiers prospecteurs travaillaient dans le dénuement le plus complet, sans autre matériel, souvent, que la batée. Certains, ne pouvant même pas construire de *sluice boxes* devaient transporter les graviers aurifères sur leur dos jusqu'au fleuve pour les laver. Par moins de 40 °C ! Près de 5 tonnes d'or furent extraites ainsi avant le printemps 1896.

Forty Miles, où il se précipite pour faire enregistrer ses concessions, se vide à son tour en quelques heures, puis successivement, tous les camps du Yukon. Course folle sur le fleuve, avant les grands froids, pour borner un claim sur Rabbit Creek, rebaptisé Bonanza Creek, revenir l'enregistrer à Forty Miles et repartir chargé de matériel et de nourriture pour l'hiver. Un jeune Autrichien, Anton Stander, arrivé trop tard à Bonanza Creek, découvre un filon plus riche encore, plus haut dans la montagne. Vers la Noël, la nouvelle atteint Circle City. D'abord, on n'y croit guère, mais quand il se confirme qu'un mineur a réussi une batée de 212 dollars, les hommes chargent les traîneaux et se lancent à leur tour dans la nuit du Yukon.

Voilà donc Carmack (ci-dessus) devenu héros, au point que le jour anniversaire de sa découverte deviendra bientôt férié ! Mais là s'arrêteront ses exploits de chercheur d'or.

1896-1897 : un hiver de démence. Tous les vétérans du Yukon sont là, trappeurs et prospecteurs. La terre, gelée, est dure comme de l'acier. Les vivres manquent. Bientôt, on doit tuer les chiens pour éviter de les nourrir. Le sel s'échange contre son poids d'or. Les œufs valent un dollar pièce. Certains, trop pauvres pour exploiter leurs claims, se replient sur Forty Miles dans l'espoir d'un travail. Un Russe vend la moitié de sa concession à Big Alex McDonald, le futur «roi» du Klondike. Mais beaucoup de ceux qui s'obstinent feront finalement fortune.

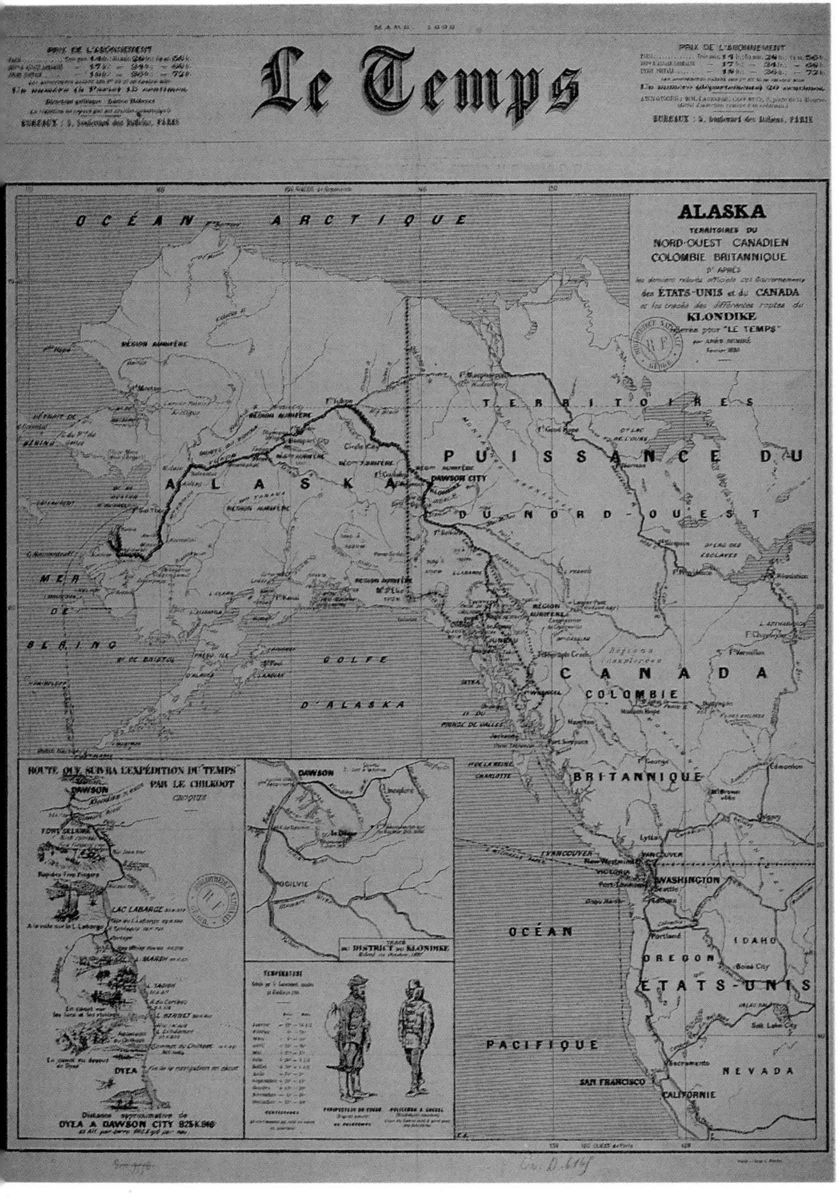
Le Temps
PRIX DE L'ABONNEMENT
BUREAUX : 5, boulevard des Italiens, PARIS
PRIX DE L'ABONNEMENT
BUREAUX : 5, boulevard des Italiens, PARIS
ALASKA
TERRITOIRES DU
NORD-OUEST CANADIEN
COLOMBIE BRITANNIQUE
D'APRÈS
les derniers relevés officiels des Gouvernements
des ÉTATS-UNIS et du CANADA
et les tracés des différentes routes du
KLONDIKE
OCÉAN ARCTIQUE
RÉGION AURIFÈRE
TERRITOIRES
PUISSANCE DU
NORD-OUEST
ALASKA
DAWSON CITY
Circle City
MER DE BERING
GOLFE D'ALASKA
CANADA
COLOMBIE BRITANNIQUE
Edmonton
Lytton
VANCOUVER
New Westminster
VICTORIA
WASHINGTON
Seattle
Portland
OCÉAN PACIFIQUE
IDAHO
OREGON
Boisé City
ÉTATS-UNIS
Salt Lake City
NEVADA
Sacramento
SAN FRANCISCO
CALIFORNIE
ROUTE QUE SUIVRA L'EXPÉDITION DU "TEMPS" PAR LE CHILKOOT
CROQUIS
DAWSON
FORT SELKIRK
LAC LABARGE
L. MARSH
L. TAGISH
L. BENNETT
DYEA
DAWSON
OGILVIE
TRACÉ DU DISTRICT DU KLONDIKE
TEMPÉRATURE

Dawson City, ou le rêve enfin réalisé de Ladue

Un seul homme n'a pas cédé à la fièvre de l'or, Joseph Ladue. Il a une idée de génie : acheter aux autorités canadiennes un terrain au confluent du Yukon et du Klondike, qu'il divise en avenues et en rues. Bientôt, autour de son saloon-bazar-épicerie et de sa scierie, sur les lots qu'il met en

Dawson City au temps de sa splendeur. Ladue ne vivra pas les grandes heures de «sa» ville. Rentré aux Etats-Unis dès juillet 1897, il meurt quelques mois plus tard.

vente ou loue, s'entassent les tentes et les cabanes. 1 500 habitants en avril 1897 : Dawson City vient de naître...

Quant au pauvre Henderson, isolé du monde sur sa maigre concession, il ignorera tout de la ruée pendant des mois. Malade et aigri, il quittera le Yukon peu de temps après. Toute sa fortune lui sera volée sur le bateau à Seattle.

Le 15 juillet 1897, l'«Excelsior» accoste San Francisco avec à son bord quinze mineurs en haillons, ployant sous leurs pépites

La foule, sur le quai, qui comprend que quelque chose d'extraordinaire se passe, les suit en silence et se presse autour d'eux tandis qu'ils vident sur les comptoirs leurs sacs de toile, leurs bidons d'huile et leurs bocaux à confiture remplis de poudre et de pépites. Une tonne d'or, là, devant eux ! En quelques heures, par télégraphe, la nouvelle est connue dans toute l'Amérique. Hearst, le magnat de la presse, furieux de ne pas avoir été le premier à diffuser l'information, dépêche sur-le-champ deux expéditions de journalistes vers le Klondike.

Et c'est une foule de 5000 personnes surexcitées qui, deux jours plus tard, à Seattle, accueille le *Portland* avec à son bord soixante-huit prospecteurs et... deux tonnes d'or.

Les épiciers abandonnent leurs boutiques, les prêtres leurs églises, marins et policiers quittent leur travail. Le *Seattle Times* perd dans la journée la moitié de ses journalistes. William D. Hood, le maire de la ville, télégraphie sa démission depuis San Francisco, après avoir loué un vieux vapeur, le *Humboldt.* La récolte de fruits dans la vallée de Sacramento doit être interrompue, faute de main-d'œuvre. Les mines Oneida et Kennedy, près de Jackson en Californie, perdent les deux tiers de leur personnel en quinze jours.

«Ho ! For the Klondike !» : dix jours après l'arrivée du «Portland», mille cinq cents personnes ont déjà quitté Seattle

A New York, dans les vingt-quatre heures qui suivent la nouvelle, 2000 personnes tentent déjà d'acheter des billets pour le Klondike. En trois heures, un groupe de joueurs professionnels de Chicago affrètent un train pour Seattle. Les ouvriers agricoles de l'Etat de Washington, les mineurs du Montana, les matelots de Puget Sound,

Bateaux pris d'assaut, rues encombrées de ballots : dès août 1897, Seattle devient la plaque tournante de la ruée. «L'homme qui ne pouvait partir parce qu'il avait une famille à nourrir était regardé avec pitié. L'homme qui refusait de quitter son travail était considéré avec mépris comme un homme sans ambition, n'osant pas saisir sa chance. Mais l'homme qui pouvait partir, et partait pour le Klondike, l'homme que seul un câble arrimé à une montagne aurait pu retenir, celui-là était un héros», témoigne J. E. Frazer dans ses *Souvenirs de la fièvre de l'or.*

San Francisco retrouve l'effervescence des années 50. Pour la Californie, alors en situation de faillite économique mais aussi en pleine crise d'identité (la production agricole s'effondre, les champs retournent au désert, les mines ferment, la corruption, partout, s'étale et les banqueroutes se multiplient, tandis que les squatters se battent contre les grands propriétaires, que les chômeurs et les déshérités se regroupent en bandes menaçantes), le Klondike apparaît comme la possibilité d'une rédemption : le retour aux grands mythes fondateurs des pionniers.

les vagabonds, les chômeurs, les miséreux de la côte Pacifique se précipitent par milliers, prêts à tout pour partir. A cette foule se joignent aventuriers, inventeurs fous et illuminés.

San Francisco, Tacoma, Portland, Victoria : tous les ports de la côte sont encombrés de chiens, de moutons, de bœufs, d'ânes, de mules achetées à prix d'or dans le Colorado, de chevaux venus du Montana, de tout ce qui paraît capable de transporter des chargements jusqu'au Yukon. Ecossais, Irlandais, Français, Allemands et Australiens commencent déjà à arriver. Barges, vieux remorqueurs, schooners, sloops rafistolés, tout ce qui peut encore flotter est pris d'assaut. Au 1er septembre, 9000 personnes sont déjà parties de Seattle avec 36000 tonnes de fret. Et le flot grossit toujours, indifférent aux mises en garde des autorités. Parmi les premiers partis de San Francisco l'été 1897, un jeune homme de vingt ans : Jack London...

La neige recommence à tomber sur le Yukon dès la mi-octobre. La plupart des émigrants n'ont pas la moindre expérience du Grand Nord. Et Dawson City n'a pas de vivres pour eux. Mais comment arrêter cette ruée ? On dirait que le Klondike, tout à coup, concentre tous les espoirs,

Partir, et par n'importe quel moyen ! En tirant une charrette à bras. Mais aussi par des moyens plus audacieux. A Dublin, un chercheur d'or annonce la construction d'un ballon capable d'emporter 50 passagers jusqu'au Klondike. Un ingénieur met au point une «bicyclette du Klondike», idéale selon lui pour franchir la Chilkoot Pass. Un groupe de jeunes filles se propose même de rejoindre Dawson City par ce moyen à l'automne 1897.

toutes les démesures de l'époque — l'époque, certes, des *gay nineties*, de Buffalo Bill et de P. T. Barnum, de Vanderbilt et de Rockefeller, mais aussi l'époque de la crise, du chômage, de la misère, l'époque où les riches sont de plus en plus riches et les pauvres de plus en plus pauvres, l'époque où les affamés marchent sur Washington, l'époque où des centaines de milliers de gens attendent un miracle. Et soudain, ce miracle prend nom «Klondike». Oui, comment arrêter ces nouveaux croisés en quête de Terre promise ?

"En quittant Skagway, [il] s'était dirigé vers Dyea (...). Ce n'étaient que véhicules de toutes sortes, projetés en travers, voire culbutés, bêtes se refusant à marcher malgré les coups et les cris, violents efforts des uns pour se faire livrer passage, violente résistance des autres pour s'y opposer, matériel qu'il fallait décharger puis recharger, disputes et rixes au cours desquelles s'échangeaient injures et coups, et parfois même des balles de revolver."

Jules Verne, *le Volcan d'or*

Le Dead Horse Trail, où les hommes eux-mêmes devinrent des bêtes

Le voyage par Saint-Michael, en remontant le Yukon, est trop long et coûteux. La meilleure solution semble être de couper au plus court par la Chilkoot Pass ou la White Pass, à travers les montagnes côtières qui forment la frontière avec le Yukon canadien, puis de descendre le fleuve jusqu'à Dawson City.

Dès la fin juillet, des milliers de prospecteurs campent sur les plages de Dyea et de Skagway, vétérans en fourrures, inconscients en complets veston et chaussures de ville, dans un fouillis de tentes, de baraques, de feux brûlant dans

Des chevaux agonisants piétinés par la foule jusqu'à ne plus être qu'une masse sanglante confondue avec la boue, leurs os servant de marche-pied aux suivants, d'autres essayant de se suicider pour abréger leurs souffrances : terrible sera le rapport de J. M. Walsh, de la Police montée, au ministre de l'Intérieur canadien. Sur les 3000 chevaux qui affrontèrent la White Pass cet automne-là pas un ne survécut.

des bidons, de carcasses de bateaux échoués, parmi les hennissements des chevaux affolés, les jappements ininterrompus des chiens.

La route la plus aisée paraît d'abord celle de la White Pass, au dessus de Skagway — une promenade à dos de cheval sur les collines, assurent les optimistes. Mais bientôt se succèdent les précipices, les lits des rivières à traverser. Devil's Hill, où le moindre écart déclenche une avalanche qui emporte les survivants, Porcupine Hill, où les animaux se brisent les jambes sur les blocs instables et, pire encore, Summit Hill : mille pieds d'ascension sur une pente escarpée transformée en fleuve de boue — un cauchemar qui défie l'imagination. Sur les 4000 hommes qui tentent de franchir la White Pass cet automne-là, quelques centaines seulement survivront. Dès le mois de septembre, la White Pass devient impraticable. Et les malheureux, contraints de rebrousser chemin, s'ajoutent au flot incessant des nouveaux arrivants.

En décembre, ils sont 5000 dans Skagway, pris au piège, sans moyens de poursuivre, ni même de retourner sur leurs pas. Et Skagway, mise en coupe

réglée par Soapy Smith, un chef de gang, se transforme alors en enfer, où chacun pour survivre, doit se faire voleur, ou assassin.

Aux clameurs des dancings, des saloons, des bordels, la nuit, se mêlaient les appels au secours, le bruit des fusillades, les cris des gens assassinés», rapportera, effaré, Samuel B. Steele, de la Police montée, de passage à Skagway. Soapy Smith, le maître de la ville, sera abattu en juillet 1898.

Au-delà de la souffrance, de l'héroïsme et de l'horreur : l'épopée de la Chilkoot Pass

Reste la Chilkoot Pass, par la plage de Dyea. Malgré l'altitude (environ 200 mètres de plus que la White Pass !), la glace à vif, les vents tourbillonnants, les risques d'avalanches, et une pente finale si raide qu'aucun animal ne peut la gravir. Là, 22000 forcenés, portant chacun une tonne de matériel et de nourriture, vont faire entrer la ruée dans la légende...

La Police montée qui contrôle le col, craignant un hiver de famine dans le Yukon, contraint chaque arrivant à porter avec lui le nécessaire pour

survivre qu'il lui faut hisser à raison de 50 livres maximum par ascension. Les hommes, désemparés, s'entassent au pied de la montagne dans ce qui devient rapidement Sheep Camp, la ville de cauchemar, où la vie ne vaut pas grand-chose. Les chevaux, abandonnés, meurent de faim alentour. Les porteurs indiens rançonnent les arrivants.

Une seule piste, au flanc de la montagne, taillée dans la glace dure. Une chaîne ininterrompue de malheureux, dès le petit matin, titubant sous leurs paquetages, à demi gelés, affamés. Aucune halte permise, sous peine de se trouver éjecté de la chaîne. Plus d'individus : chacun, devenu un maillon de l'ensemble, doit mettre ses pas dans ceux de son prédécesseur. Alors commence le pire : 1 500 marches taillées presque à pic dans la glace. Les chiens de traîneaux eux-mêmes doivent être portés à dos d'homme. Et lorsque enfin, le soir, on parvient au sommet, il ne reste plus qu'à redescendre, pour se remettre en route au matin, dans la cohue de milliers d'impatients, avec une autre part de son chargement : trois mois d'allers et de retours pour un homme de force moyenne ! Plus de 40 000 renonceront. Mais 22 000 réussiront à passer, tout au long de l'hiver. Entassés autour des lacs Lindeman et Bennett, ils attendront la fonte des glaces pour descendre le Yukon vers Dawson City.

Jack London a plus de chance : arrivé le 7 août 1897 à Dyea, il réussit, grâce à son exceptionnelle vigueur, à franchir la Chilkoot Pass le 30 août, avant les premières neiges, en portant près de 150 livres à chaque ascension !

Dès son arrivée au lac Lindeman, il s'attaque à la construction d'un bateau, avec quatre compagnons. Ensemble, ils se lancent sur le Yukon. A 120 kilomètres en amont de Dawson City, les hommes s'installent dans des cabanes abandonnées sur Upper Island et commencent aussitôt la prospection.

Ouvrier à l'âge de 14 ans dans une conserverie, pilleur d'huîtres dans la baie de San Francisco, chasseur de phoques, marcheur de la faim dans l'armée des chômeurs de Kelly, vagabond, militant socialiste, ouvrier blanchisseur, Jack London a tout juste 20 ans quand, le 25 juillet 1897, il quitte San Francisco en direction du Klondike.

Sur la pente de la Chilkoot Pass

« Le Chilkoot, battu par la tempête, dominait le paysage. Sur son flanc des hommes grimpaient l'un derrière l'autre. Ce défilé ininterrompu partait du pied de la montagne, là où cessent de croître les derniers buissons nains, traçait une ligne noire sur une étendue éblouissante de glace et continuait le long de la pente escarpée en un ruban de plus en plus étroit. (...) Le sommet du Chilkoot s'enveloppa de brouillard et, aussitôt, une tempête de vent et de grésil s'abattit sur les Pygmées qui grimpaient avec peine. La lumière du jour s'effaça et fit place à une obscurité épaisse. (...) Quelque part là-haut, les fourmis continuaient leur ascension vers le ciel. »

Jack London,
la Fille des neiges

On Chilkoot Pass

Un interminable cauchemar

Les marcheurs, sur cette longue chaîne, n'avaient que deux endroits où faire halte : à mi-chemin, sous un énorme rocher proéminent, appelé *Stone House*, et, avant les dernières difficultés, sur un étroit terre-plein, les Balances — ainsi nommé parce que les paquets y étaient repesés par les porteurs indiens, dont les tarifs passaient alors à un dollar la livre. Derrière la crête, s'étendait une étrange ville fantôme, battue par le blizzard : les piles de marchandises, hautes comme des maisons, qui attendent leurs propriétaires, parfois pendant des mois. Dès le printemps 1898, un système de funiculaire mû par la vapeur permit le transport aérien des marchandises.

Vent de panique sur Dawson City

Les quelques centaines de *cheechakos* («pieds-tendres») qui, comme Jack London, ont réussi à descendre le Yukon avant les glaces n'ont-ils gagné la course de l'or que pour tout perdre ? Les rares trappeurs qu'ils croisent leur crient de rebrousser chemin, tout de suite : il n'y a plus rien à manger à Dawson City !

La situation est pire encore qu'ils ne l'imaginent : les quatre cargos attendus en septembre ont été retrouvés à 600 kilomètres de Dawson City, échoués et pillés. Et les deux derniers vapeurs de l'année, le *Weary* et le *Belle*, arrivent presque vides. A Circle City, un comité de mineurs en armes a acheté de force 50 tonnes de nourriture !

Ce sont 1000 personnes au moins qui devraient fuir Dawson City, juge la Police montée, qui offre le passage gratuit sur le *Belle* et cinq jours de vivres. Mais comment se résoudre à partir, à abandonner son claim, alors que les restants peuvent faire fortune ? Ils sont 120 seulement à s'embarquer, le 1er octobre.

Et Dawson City se replie sur elle-même, comme en catalepsie. La température descend jusqu'à –67 °C, les arbres gelés éclatent. Six personnes meurent de froid en une nuit. La farine se vend jusqu'à 75 dollars-or. Le dernier restaurant ferme avant Noël, et les stocks sont si bas que la Police montée refuse d'emprisonner qui que ce soit à moins qu'il n'apporte ses provisions.

Le 29 mai, la glace commence à se rompre, et démarre alors la plus grande course du monde : 30 000 forcenés, sur 7 000 bateaux, jettent leurs dernières forces dans la bataille de l'or, bravant les périls des blocs de glace et des rapides ! Les risques sont limités par le contrôle très strict de la Police montée qui impose le recours à des guides pour traverser les rapides. Et la marée grondante des chercheurs d'or envahit Dawson City vers la mi-juin. Le 1er juillet, la ville compte déjà deux banques, deux journaux, cinq églises, un théâtre, trente saloons et même un télégraphe : en quinze jours, Dawson devient la plus grande ville canadienne à l'ouest de Winnipeg !

Drôle d'été, à Dawson City, en 1898. Au lieu de se précipiter à la recherche de l'or, les héros de la Chilkoot Pass flânent dans Front Street, se pressent dans les saloons, les dancings, les salles de jeux, ou... achètent aux étals des «souvenirs du Klondike».

Mais la fièvre de l'or, qui dans la pire adversité tenait tous ces hommes debout depuis des mois, tombe brutalement

Certains prospectent un peu : le nombre des concessions passe de 5 000 en janvier à 17 000 en été, sans que la production d'ailleurs augmente sensiblement. Les meilleurs terrains sont pris depuis longtemps ! Dès le mois d'août, 10 000 personnes s'en retournent par Saint-Michael. Et la foule qui se bouscule tout l'été dans Dawson City a des allures de fêtes, de grandes vacances, de carnaval jusqu'en septembre où 10 000 personnes s'en vont encore, avant les glaces...

Jack London, quant à lui, a quitté Dawson City dès le 8 juin, illustrant ainsi tout le paradoxe de l'épopée du Klondike. Car il n'a guère prospecté que trois jours à son arrivée, avant de rejoindre Dawson City — où il est resté jusqu'au 3 décembre. Et il n'a pris la peine d'enregistrer

La batée, les tamis, déjà relégués au rang de souvenirs ? Pas tout à fait. De l'or aurait été trouvé à Cap Nome (ci-dessus). Les derniers irréductibles quittent Dawson City en 1899. Pour découvrir l'enfer. Des tempêtes terrifiantes. Des températures de –60 °C l'hiver. Plus aucune loi, sinon celle du plus fort. Deux années de cauchemar, pour arracher 250 000 onces aux sables de Nome. Derniers soubresauts du mythe.

la concession que le 16 novembre. Il n'y travaille d'ailleurs pratiquement pas. Atteint de scorbut, il quitte le Yukon dès la fonte des glaces. Le voilà de nouveau à San Francisco, sans le sou.

A peine commencée, en somme, la ruée s'achève ! Comme si ce n'était pas tant l'or qui importait dans cette épopée de la souffrance que l'appel, et l'élan — cette force mystérieuse qui soulève tous les héros que Jack London va bientôt immortaliser dans ses récits du pays de l'or...

Le reste, au fond, n'est qu'affaire d'industrie. Un ingénieur, A. C. N. Treadgold, s'associe avec les Guggenheim et Pierpont-Morgan pour fonder la Yukon Gold Company. Des regroupements s'opèrent. L'utilisation de dragues hydrauliques et de machines à vapeur pour réchauffer le sol gelé permet d'augmenter la production dès 1901 : 2 500 000 onces par an jusqu'en 1909 ! Mais la légende, elle, n'est plus.

Désormais, l'aventure de l'or, au Canada, va se confondre avec celle de la «conquête du Nord» par les machines. En 1902 démarre l'exploitation de la rivière Tanara, dans le Yukon. En 1906, celle de la haute vallée de l'Innoko. En 1908 celle de la Porcupine, qui se révélera plus riche encore que le Klondike.

Place au XXᵉ siècle, à la loi d'airain des groupes industriels et aux calculs de rentabilité. A l'horreur aussi des mines d'Afrique du Sud. Envolés l'utopie, le rêve, la démesure ? L'or devenu un métal comme les autres ? Mais voilà que, en 1980, dans la Serra Pelada brésilienne, un «garimpeiro» découvre une fortune prodigieuse...

CHAPITRE VI

LES TEMPS MODERNES

Au Brésil, on voit resurgir des scènes que l'on croirait datées des premiers âges du monde. «J'ai compris comment les Egyptiens ont construit leurs pyramides!» s'écrie Cousteau venu filmer les débuts de la ruée dans la Serra Pelada.

Si la ruée vers l'or du Klondike appartenait encore au XIXe siècle romantique, celle vers les champs d'or d'Afrique du Sud, commencée pourtant dix ans plus tôt, annonce, elle, les temps modernes.

Rien, ici, ne sollicite la légende, le rêve, l'utopie ! Il est vrai que ces traversées héroïques aux résonances bibliques qui, jusque-là, accompagnaient la légende de l'or, les Afrikaanders les ont déjà vécues avec leur Grand Trek, lorsque, entre 1830 et 1840, fuyant la mainmise des

L'utilisation d'esclaves (ici lavant des sables aurifères), mais aussi l'afflux d'une main-d'œuvre noire salariée, ainsi que la complexité des techniques d'extraction favoriseront très tôt la concentration de l'exploitation.

Anglais sur la colonie du Cap, ils franchirent l'Orange, le Vaal et les montagnes du Drakensberg pour tenter de se gagner un territoire. Et l'histoire de l'or d'Afrique du Sud reste déterminée par la situation singulière du pays, affaibli par les conflits incessants entre les colons blancs et les tribus africaines, divisé entre les colonies anglaises du Cap et de Natal et les républiques boers du Transvaal et d'Orange.

En octobre 1853, un certain P. J. Marais, après avoir roulé sa bosse en Californie et en Australie, découvre quelques pépites vers Crocodile Valley

En 1867, un chasseur d'ivoire et un géologue allemand font, à leur tour, des découvertes assez prometteuses, dans le Matabeleland, pour que deux bateaux chargés de chercheurs d'or quittent

A la société libre, turbulente, mêlée, des premières années succédera une société dominée par un autocrate, Cecil Rhodes, rigoureusement contrôlée, hiérarchisée, surveillée par une police secrète — qui servira plus tard de modèle, pour l'extraction de l'or.

l'Australie pour Durban — et que la république du Transvaal, malgré les protestations anglaises, annexe le territoire.

Mais, la même année, la découverte de diamants dans la colonie du Cap fait passer l'or au deuxième plan. Les recherches se concentrent d'abord sur les rives du Vaal : 300 prospecteurs en juin 1870, 10000 en octobre, et 20000 en décembre, sur plus de 120 kilomètres de fleuve ! Une timide tentative de «république des prospecteurs» tourne court dès qu'on découvre des gisements plus importants dans la région de Kimberley. Celle-ci devient aussitôt l'enjeu d'une vive lutte d'influence entre le Cap, l'Etat libre d'Orange et la république du Transvaal, lutte qui se terminera par la victoire du Cap en 1871.

Les 3 700 claims individuels existant en 1871 font progressivement place à 98 sociétés holdings. En 1887, la De Beers Consolited Mines Ltd, contrôlée par l'homme d'affaires Cecil Rhodes, se retrouve en situation de monopole dans la région de Kimberley.

Les chercheurs de diamants malheureux, les individualistes refusant l'autorité des grandes compagnies, se reconvertissent en chercheurs d'or

En février 1873, un prospecteur australien, Mac Lachlan, découvre quelques pépites dans une rivière près de Lydenburg. Les mineurs n'y seront jamais plus de 400, mais leur présence aura des conséquences importantes, car le souci de leur protection contre les Noirs Bapedis sera plus ou moins le prétexte à la tentative d'annexion du Transvaal, en 1877, par les Britanniques.

Malgré leurs tentatives de regroupement dans de petites compagnies (comme ici la Gold Mining Company de Grahams Town), les prospecteurs indépendants ne firent pas longtemps le poids face aux grandes sociétés de Kimberley systématiquement favorisées, d'ailleurs, par le président Kruger. La production s'accroît de 23 000 onces en 1887 à 420 000 onces en 1890 tandis que le nombre de propriétaires passe dans le même temps de 3 000 à moins de 100. La ruée fut presque dès le départ l'affaire de capitalistes, non de pauvres hères rêvant de refaire le monde, comme en Californie ou au Klondike.

Aussi, dès que l'indépendance du Transvaal sera de nouveau reconnue, en 1884, le gouvernement boer se méfiera-t-il comme de la peste des mineurs indépendants, et encouragera l'implantation de grandes compagnies.

A peine de l'or est-il trouvé près de Barbeton en 1884, et surtout dans le Witwatersrand en 1886, que les grands barons de Kimberley accourent déjà, avec la bénédiction du gouvernement, et entreprennent une gigantesque opération immobilière dans le but de s'approprier la totalité des gisements du Rand. La découverte, en 1890, d'un procédé dit de cyanurisation, permettant

Barberton, le lieu du premier boom de l'or, comptait déjà en 1886 4 000 habitants, plusieurs journaux, des hôtels, un théâtre, une église. Quelques années plus tard, elle était presque une ville fantôme.

Les mines d'or à ciel ouvert disparaissent peu à peu au début du siècle, car la véritable fortune de l'Afrique du Sud se trouve dans les entrailles de la terre. Les *reefs* descendent, souvent à plus de 25° d'inclinaison, jusqu'à 4000 mètres de profondeur, et nécessitent un matériel ultra-sophistiqué. Les mineurs noirs doivent y travailler parfois à genoux, par des températures voisines de 60 °C, au péril de leur vie — deux morts par jour en moyenne —, pour assurer aujourd'hui la moitié de la production mondiale d'or.

d'extraire 75 % de l'or contenu dans la roche, les difficultés de l'exploitation de plus en plus en profondeur des *reefs* (ces veines de deux à trois centimètres de large qui contiennent la poudre d'or) favorisent la concentration. Quand éclate la guerre entre les Anglais et les Boers en 1899, les grandes compagnies sont maîtresses du Rand, le plus riche gisement aurifère du monde !

Chercheurs d'or du gisement Lébédenny se familiarisant avec le matériel, en 1936.

Commence alors une autre histoire, de souffrances et de sang

L'Union sud-africaine qui naît de cette guerre va asseoir sa puissance sur ses mines d'or et de diamants : la production fournit en effet 45 % des devises du pays — au prix d'une exploitation féroce de 450000 travailleurs noirs.

Aussi les mines sont-elles le lieu le plus brûlant de la confrontation entre les deux communautés. C'est là, à l'appel de l'African Mine Workers, que fut lancée la première grande grève noire qui vit 100000 mineurs occuper les mines en 1946. C'est là qu'est née la NUM (National Union of Mine Workers) qui compte aujourd'hui plus de 100000 adhérents. C'est là que se sont déclenchées les grèves les plus dures en 1979, 1982, 1986 et 1987. En ce sens-là aussi, l'or reste la clé de l'avenir de l'Afrique du Sud.

Malgré ces conflits, l'Afrique du Sud demeure le premier producteur mondial d'or. Bien loin devant l'Union soviétique et ses fabuleux gisements de Sibérie.

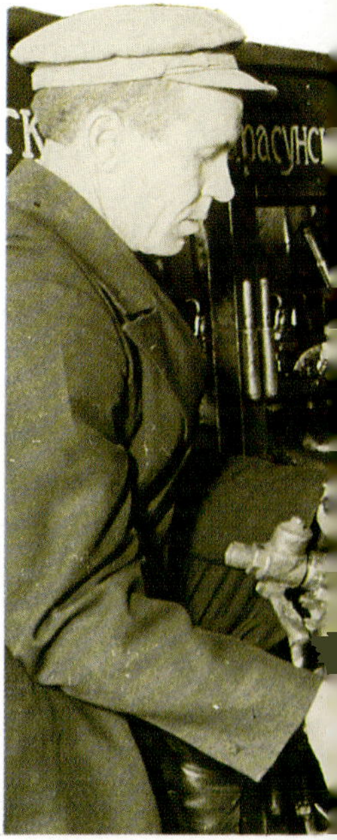

La Sibérie, ou le grand rêve californien de Staline

13 millions de kilomètres carrés, un dixième des terres immergées, la taïga sur 4500 kilomètres de long, des fleuves démesurés, l'horizon sans limite : la Sibérie, pour les révolutionnaires russes, sonne comme un appel, ou un défi. Là-bas, un homme nouveau naîtra, croit-on, de ce face-à-face titanesque avec la nature. Pour Staline, il ne fait pas de doute que la Sibérie sera la Californie de

l'URSS. «C'est sur les traces des chercheurs d'or que s'établirent en Californie d'autres industries minières. En même temps, l'agriculture se développa parce qu'il était nécessaire de nourrir les chercheurs d'or. Les routes et les moyens de transport se créèrent à leur bénéfice. Ce processus, qui a réellement fait l'histoire de la Californie, doit être appliqué à nos marchés russes» explique-t-il à l'ingénieur Serebrovski, en 1926.

Mineurs à Stretensk, en 1898. Deux mille ans avant notre ère, on extrayait déjà de l'or des contreforts de l'Altaï, et de l'Amou-Daria. Et, en 1894, la Russie produisait 42 tonnes d'or ! La rudesse du climat, les difficultés techniques, seules, limitaient l'expansion. Pour Staline, un défi à la hauteur du rêve bolchevique.

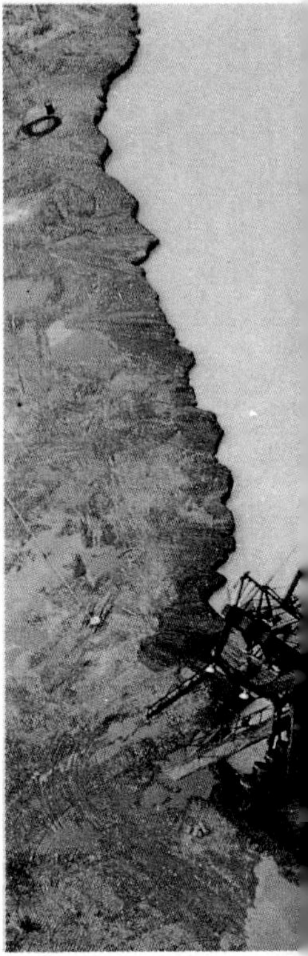

Ainsi va commencer l'extraordinaire aventure du Trust de l'or

Envoyé par Staline en mission d'étude en Amérique, Alexandre Serebrovski, le directeur du Trust de l'or, rencontre en 1927, à Juneau, un jeune ingénieur, surintendant des mines du Sud-Est, John D. Littlepage, qu'il convainc de tenter avec lui l'aventure.

John Littlepage arrive avec femme et enfants pour un séjour, croit-il, de deux ans — il restera dix ans. Nommé en 1929 inspecteur des exploitations aurifères de l'Oural, de la Bachkirie et du Kazakhstan, il retourne aux Etats-Unis en 1930 pour recruter dix ingénieurs qui le seconderont dans sa tâche. Organisateur et formateur de premier ordre, il est nommé ingénieur en chef adjoint du Trust de l'or en 1933, puis inspecteur en chef de la production. A cette époque, le Trust rassemble et contrôle près de 300000 chercheurs d'or.

Privilège de l'or : la Sibérie est alors bien la seule contrée d'Union soviétique où l'entreprise individuelle est ainsi exaltée ! Une prime de 30000 roubles est offerte en effet à tout découvreur de nouveaux filons. Aussi est-ce une armée de Russes, d'Ukrainiens, de Géorgiens, de Mongols, de Chinois, de Coréens, de Kirghiz, d'Arméniens et d'aborigènes de l'Asie arctique et de l'Asie centrale qui s'avance toujours plus loin vers l'est, au cœur de la Sibérie inconnue, ouvrant la voie aux colonisateurs.

En 1947, John Littlepage rentre aux Etats-Unis, décoré de l'ordre du Drapeau rouge. La Russie est alors probablement un des tout premiers producteurs d'or du monde. Mais le rêve d'une Sibérie futuriste prend parfois des allures de cauchemar — ce lieu où les maîtres du Kremlin s'obstinent à inscrire leurs rêves pharaoniques est aussi celui où ils enferment tous ceux qui ont l'audace de s'y opposer. Sibérie de la longue, de l'interminable nuit du goulag...

Drague d'extraction sur un fleuve sibérien. En Boukharie orientale, les alluvions aurifères se trouvent sous des épaisseurs d'une quinzaine de mètres. Il faut donc draguer et laver ces masses de sable et de gravier riches en or.

En Amazonie, l'épopée de la Serra Pelada

On pourrait croire venu le temps du règne sans partage des entreprises minières. La fin de la convertibilité en or du dollar en 1971 et la flambée des cours qui s'ensuit partout relancent l'entreprise individuelle.

En février 1980, tous les médias brésiliens répercutent la nouvelle : une fortune en pépites vient d'être trouvée dans une grotte de la Serra Pelada, en Amazonie. Les miséreux du Nordeste, les aventuriers du Maranhão et du Mato Grosso, les chômeurs des bidonvilles de São Paulo, de Rio de Janeiro, de Bahia, de Recife accourent par

D'autres ruées déjà ont eu lieu sur le Rio Tapajós, dès 1958, à Cantagalo, Mamoal, São Domingos, Patrocínio, Itaituba, dans le Mato Grosso, dans la Sierra Parima, au nord de l'Orénoque, dans la Rondônia, à la frontière colombienne. Probablement les gisements du Rio Tapajós se révéleront-ils les plus riches de tous (entre 10 et 40 tonnes par an, déjà). Mais c'est la vision dantesque des 20000 garimpeiros transformés en statues de boue, agrippés aux flancs de la Serra Pelada, qui frappera le monde entier.

milliers. Sans vivres, le plus souvent, ni équipements. Indifférents à la gangrène et à la malaria. Luttant pied à pied contre la forêt, les serpents, les moustiques.

Les premiers arrivés se partagent le sol de la «montagne d'or» en *barrancos* de 10 mètres sur 10 que chaque propriétaire peut creuser à son gré. Les retardataires s'engagent comme *saqueiros* (porteurs de sacs). Payés 4 cruzeiros (50 centimes) par kilo. Car la terre arrachée au flanc de la montagne, encore faut-il la porter, dans des sacs de toile, au sommet de la crête pour que l'or puisse en être extrait. Un travail de galérien, dans la boue, sous une chaleur écrasante.

Une lutte sanglante oppose l'Etat aux garimpeiros

Le camp de la Serra Pelada devient une ville de 30 000 habitants, où l'alcool coule à flots, et où les comptes se règlent au revolver.

Jusqu'à ce qu'arrive le député-major Curio, un baroudeur des services secrets chargé par le président Figueiredo de «nettoyer» le *garimpo* et de mettre fin à la contrebande de l'or. En moins d'un an, alcool, armes et prostituées disparaissent. La Serra Pelada devient une sorte de camp de travail volontaire, contrôlé par l'Etat.

Mais déjà les filons s'épuisent, les parois se lézardent. La COOGAR, coopérative regroupant 30 000 garimpeiros, n'a même plus l'argent nécessaire aux remblaiements d'urgence.

Pourtant, les garimpeiros sont bien décidés à mourir le fusil à la main plutôt que de céder leur exploitation à la Compagnie nationale Vale do Rio Doce qui en revendique la propriété depuis des années. On évoque la possibilité d'une association avec des investisseurs américains et canadiens. Mais en janvier 1988, à Marabá, un affrontement avec la police aurait fait près de 100 morts...

La fin de la Serra Pelada ? Déjà, quelques milliers de chercheurs d'or se sont enfoncés dans les jungles du Rio Negro, sur les territoires des Indiens Tuhanos. Depuis 1984, des rumeurs de massacres circulent. Début 1985, 4 000 Indiens, furieux, se sont rassemblés pour affronter les colonnes armées des garimpeiros. La tuerie a été évitée de justesse, grâce à l'intervention du père José Gullé auprès du gouvernement.

La légende sanglante de l'or n'est pas près de s'éteindre dans l'enfer vert de l'Amazonie — où le conquistador Francisco de Orellana, au XVIe siècle, déjà, plaçait l'Eldorado...

TEMOIGNAGES ET DOCUMENTS

« Il n'y a rien de si extravagant
que de faire périr
un nombre considérable d'hommes
pour tirer du fond de la terre l'or et l'argent :
ces métaux d'eux-mêmes absolument inutiles
et qui ne sont des richesses
que parce qu'on les a choisis
pour en être les signes. »

Montesquieu,
Lettres persanes

L'aventure du général Sutter

Que serait la fièvre de l'or, sans le foisonnement des récits, des légendes qui l'avivent ? « L'Or » de Cendrars appartient désormais à la légende bien qu'il fourmille d'erreurs. Voici donc un extrait du Journal que Cendrars attribue à Sutter...

Cette découverte de l'or dans le ruisseau, dans les fondations de ma scierie ne me laissait pas indifférent, non, mais je la prenais comme toutes les bonnes et les mauvaises fortunes de ma vie avec pas mal d'indifférence ; toutefois je ne pus dormir de la nuit, je me représentais les suites terribles et les répercussions fatales que cette découverte pouvait avoir pour moi, mais je n'imaginais tout de même pas la ruine de ma Nouvelle-Helvétie ! Le lendemain matin je distribuai des instructions détaillées à mes nombreuses équipes d'ouvriers et partis, à 7 heures, accompagné de quelques soldats et d'un cow-boy.

Nous montions la route en lacet qui mène à Coloma, quand nous rencontrâmes à mi-chemin un cheval sans cavalier. Un peu plus haut, Marshall sortit du sous-bois. Il avait été arrêté par l'orage et n'avait pas pu continuer plus avant dans la nuit. Il était transi et mourait de faim. Son exaltation de la veille n'était toutefois pas tombée.

Nous continuâmes la montée et arrivâmes dans ce fameux Eldorado. Le temps s'était un peu découvert. Dans la soirée nous fîmes un tour sur les rives du canal qui charriait à pleins bords des eaux gonflées par la pluie. Je fis fonctionner les écluses, instantanément il se vida et nous descendîmes alors dans son lit à la recherche de l'or. Nous trouvâmes beaucoup de petites parcelles, et Mr. Marshall et quelques ouvriers me remirent même des petits grains. Je leur dis que j'en ferais faire une bague aussitôt que cela serait possible en Californie et, en effet, je fis faire cette bague beaucoup plus tard, en forme de chevalière : à défaut d'armes, j'y fis graver la marque d'édition de mon père, un phénix se consumant, et à l'intérieur de l'anneau il y avait l'inscription suivante : "Le premier or découvert en janvier 1848." Trois crosses d'évêque, la croix bâloise, et mon nom : "Suter".

Le lendemain je visitai Coloma dans toute son étendue, prenant bonne note de sa situation et de son assiette, et remarquant particulièrement les cours d'eau, puis je rassemblai tout mon monde. Je fis comprendre aux hommes qu'il était nécessaire de garder cette découverte secrète pendant cinq ou six semaines encore, le temps de parachever la construction de ma scierie pour laquelle j'avais déjà dépensé 24 000 dollars. Quand j'eus leur parole d'honneur, je redescendis à la maison. J'étais malheureux et ne savais comment me tirer de cette maudite découverte d'or. J'étais sûr qu'une telle affaire ne pouvait rester secrète.

Et ainsi fut-il. Deux semaines s'étaient à peine écoulées, j'envoyai un Blanc à Coloma avec un chargement de vivres et des outils, quelques jeunes garçons indiens l'accompagnaient. Mme Wimmer lui raconta toute l'histoire et ses enfants lui donnèrent quelques grains d'or. De retour au fort, cet homme se rendit immédiatement aux magasins qui se trouvaient en dehors de mon enceinte. Il demanda à Smith une bouteille d'eau-de-vie. Il voulut la payer avec ces grains d'or rapportés de Coloma. Smith lui demanda s'il le prenait pour un dingo. Le charretier l'adressa à moi pour renseignements. Que pouvais-je faire ? Je racontai toute l'histoire à Smith. Son associé, Mr. Brannan, vint aussitôt me trouver et me poser des tas de questions auxquelles je répondis en lui disant la vérité. Il sortit en courant, sans même refermer la porte. Dans la nuit, Smith et lui chargèrent toutes leurs marchandises sur des wagons, me volèrent des chevaux et partirent en hâte pour Coloma.

Alors mes ouvriers commencèrent à se sauver.

Je restai bientôt tout seul au fort avec quelques mécaniciens fidèles et huit invalides.

Mes employés mormons me quittèrent plus difficilement ; mais quand la fièvre de l'or les gagna, ils perdirent eux aussi tout scrupule.

« Maintenant c'était sous mes fenêtres un défilé ininterrompu. Tout ce qui pouvait marcher montait de San Francisco et des autres vilayets de la côte. Chacun fermait sa hutte, sa baraque, sa ferme, son établissement et montait au Fort Suter, puis continuait sur Coloma. A Monterey et dans les autres villes du Sud, on crut d'abord à une invention de ma part pour m'attirer de nouveaux colons. Le défilé sur la route s'arrêta durant quelques jours, puis il reprit de plus belle, ces villes aussi marchaient. Elles se vidaient, mon pauvre domaine était submergé.

Mon malheur commençait.

Mes moulins étaient arrêtés. On me vola jusqu'à la pierre des meules. Mes tanneries étaient désertes. De grandes quantités de cuir en préparation moisissaient dans les cuves. Les peaux brutes se décomposaient. Mes Indiens et mes Canaques se sauvèrent avec leurs enfants. Ils ramassaient tous de l'or qu'ils échangaient contre de l'eau-de-vie. Mes bergers abandonnèrent les troupeaux, mes planteurs, les plantations, les ouvriers, leur ouvrage. Mes blés pourrissaient sur pied ; personne pour faire la cueillette dans mes vergers ; dans mes étables, mes plus belles vaches laitières beuglaient à la mort. Jusqu'à ma fidèle brigade qui s'enfuit. Que pouvais-je faire ? Les hommes vinrent me trouver, ils me supplièrent de partir avec eux, de monter à Coloma, d'aller chercher de l'or. Dieu, que cela m'était pénible ! Je partis avec eux. Je n'avais plus rien d'autre à faire.

Je chargeai des marchandises et des vivres sur des wagons, et, accompagné d'un commis, d'une centaine d'Indiens et de 50 Canaques, j'allai établir mon camp de laveur d'or, dans la montagne, sur les rives du torrent qui porte aujourd'hui mon nom.

Au début cela allait très bien. Mais bientôt, des quantités de gens sans aveu s'abattirent sur nous. Ils établirent des distilleries et firent la connaissance de mes hommes. Je levais mon camp et m'établissais toujours plus haut dans la montagne, j'avais beau faire, cette satanée engeance de distillateurs nous suivait partout et je ne pouvais empêcher mes pauves Indiens et mes pauvres sauvages des îles de goûter à une volupté nouvelle. Bientôt mes hommes furent incapables de fournir le moindre travail, ils buvaient et jouaient leur solde ou l'or amassé, et étaient les trois quarts du temps ivres morts.

Du sommet de ces montagnes, je voyais tout l'immense pays que j'avais fertilisé livré au pillage et aux incendies. Des coups de feu montaient jusque dans ma solitude et le brouhaha des foules en marche qui venaient de l'Ouest. Au fond de la baie, je voyais s'édifier une ville inconnue qui grandissait à vue d'œil et au large, la mer était pleine de vaisseaux.

Je n'y pus plus tenir.

Je redescendis au fort. Je licenciai tous ceux qui s'étaient sauvés et qui ne voulaient pas m'accompagner. Je résiliai tous les contrats. Je réglai tous les comptes.

J'étais ruiné.

Je nommai un administrateur de mes biens, et sans même jeter un regard sur cette tourbe d'écumeurs qui étaient maintenant installés chez moi, je partis pour les rives de la rivière Plume voir si mes raisins étaient mûrs. Seuls m'accompagnaient les Indiens que j'avais élevés moi-même.

Si j'avais pu suivre mes plans jusqu'au bout, j'aurais été en très peu de temps l'homme le plus riche du monde : la découverte de l'or m'a ruiné. [...]

C'est Mr. Marshall, mon charpentier, qui a mis l'or à jour en travaillant dans les fondations de ma scierie de Coloma. Après son coup de pioche, tout le monde m'a abandonné, mes employés, mes ouvriers, mes commis, jusqu'à mes braves soldats et mes hommes de confiance que je payais pourtant assez cher. Mais ils ont voulu plus, et ils m'ont volé, pillé et se sont rués à la recherche de l'or. L'or est maudit, et tous ceux qui viennent ici, et tous ceux qui le ramassent sont maudits, car la plupart d'entre eux disparaissent, je me demande comment ? La vie a été un enfer durant ces dernières années. On se tuait, on se volait, on s'assassinait. Tout le monde se livrait au brigandage. Beaucoup sont devenus fous ou se sont suicidés. Tout ça pour l'or, et cet or s'est transformé en eau-de-vie, et je me demande ce qu'il est devenu après et plus loin. Aujourd'hui il me semble que le monde entier est chez moi. Des hommes sont venus de tous les pays, ils ont construit des villes, des villages, des fermes sur mes terres et se sont partagé mes plantations. Ils ont élevé une ville maudite, San Francisco, à l'endroit même que j'avais choisi pour débarquer mes pauvres Canaques, qui

eux aussi m'avaient abandonné pour aller à l'or et boire ensuite, et ils seraient déjà tous crevés comme des chiens si le bon padre Gabriel n'allait les chercher et les tirer des griffes de Shanon, le roi des distillateurs, et ne me les ramenait, souvent au risque de sa vie, et je les emploie, et ils travaillent maintenant à l'Ermitage avec mes bons Indiens.

La Californie fait aujourd'hui partie de l'Union américaine et le pays est en complète transformation.
Des troupes fidèles sont arrivées de Washington, mais l'ordre est encore loin d'être rétabli. Tous les jours débarquent des nouveaux venus et il y a encore des montagnes d'or. Comme je vous le disais, les anciens ont presque tous disparu sans que l'on sache comment. La bête de l'Apocalypse erre maintenant dans la contrée et tout le monde est plein d'agitation. Les Mormons sont déjà partis avec des chariots remplis d'or, et je n'ai pas voulu les suivre. On dit qu'ils ont construit une ville sur les bords du lac Salé où ils vivent maintenant dans la débauche et l'ivresse, car ils ont planté des vignes, ce qu'ils ont appris chez moi, où beaucoup d'eux travaillaient avant la découverte de l'or, et ils étaient alors sérieux, de bons travailleurs, oui, et maintenant ils semblent maudits, eux aussi. Suis-je réellement responsable de tout cela ? Je le crois par moments quand je songe à ma misère. Des bandes de comédiens parcourent aussi la région et il y a beaucoup de femmes qui viennent faire souche ou qui repartent, des Italiennes, des Chiliennes et des Françaises. Les premiers propriétaires du sol sont tous en chicane avec des avocats de New York qui délivrent des titres de propriété aux nouveaux arrivants. Tout le monde est en procès ; moi, je ne sais pas, je n'ai voulu imiter personne, que dois-je faire ?

Blaise Cendrars,
l'Or

La reine des mineurs

Courtisane scandaleuse, militante féministe, maîtresse de Louis Ier de Bavière... la légende de Lola Montes s'arrête généralement à ses aventures en Europe. Mais c'est bien comme une reine qu'elle fut accueillie à San Francisco en 1851, devenant chercheuse d'or à Grass Valley, avant de gagner l'Australie.

Légèrement en retrait de Mill Street, enfouie dans les bougainvillées, derrière sa clôture blanche, la maison ne se distinguerait guère des cottages de bois peint qui l'entourent, si une petite pancarte, fixée au-dessus de la porte, n'attirait le regard. Combien de passants se sont, comme moi, arrêtés, stupéfaits, n'en croyant pas leurs yeux ? Car enfin, par quel singulier retournement du destin pareille « star » a-t-elle pu venir se perdre ici, à Grass Valley, en pleine ruée vers l'or ?

Pour les uns, elle fut une courtisane scandaleuse. Pour les autres, une des premières féministes conséquentes. Comète flamboyante dans le ciel romantique, elle fut l'amie de Victor Hugo, d'Alexandre Dumas, de Liszt, de George Sand : assurément la femme la plus célèbre, la plus aimée, la plus haïe de son temps. Pour elle, des dizaines d'hommes se sont ruinés, battus en duel, suicidés. Des princes, des rois, un empereur, se sont traînés à ses pieds. Pendant plus de dix ans, toutes les cours d'Europe furent ses champs de bataille. Et depuis lors, poètes, écrivains, cinéastes n'ont cessé de rêver d'elle. Qui ne la connaît pas ? Je veux parler, bien sûr, de la fantasque maîtresse de Louis Ier de Bavière, par lui faite comtesse de Landfeld : Lola Montès...

Oui, comment a-t-elle pu vivre ici deux années, ainsi que le précise une plaque apposée sur le mur ? La plupart de ses biographes semblent l'ignorer. A les lire, sa vie se serait achevée en 1848, lorsque, après les révoltes étudiantes et l'abdication de son protecteur, elle dut quitter la Bavière pour s'exiler bientôt en Amérique. Elle aurait erré, ensuite, de par le monde, telle une épave, dans l'évocation nostalgique de ses années de gloire. Comme si l'histoire s'arrêtait aux portes de l'Europe !

Mais 1848 ne marque pas seulement le grand échec des révolutions partout en Europe, le refus, par le Vieux Monde, de sa part de jeunesse : 1848, c'est aussi l'année de la découverte de l'or en Californie. Et il serait temps de s'apercevoir que ceux qui se précipitèrent alors de toute l'Europe n'étaient pas simplement des « aventuriers » avides, mais bel et bien, pour l'essentiel, des quarante-huitards, parmi les plus radicaux, ou les plus nostalgiques, qui étouffaient sur le vieux continent, ou devaient fuir la répression – en sorte que c'est la part de rêve dont ne voulut point la Vieille Europe qui a créé le Nouveau Monde. La Californie, ou la révolution de 48 réussie ! Faut-il dès lors s'étonner si la belle Lola choisit, elle aussi, le départ ? Et décida de s'établir au pays de l'or, précisément à Grass Valley, là où se mêlaient déjà Cornish, Irlandais, Ecossais, Gallois, Bretons, au point de faire de la région de véritables « Etats-Unis celtiques » – puisqu'elle était, faut-il le rappeler, irlandaise, née en 1818 à Limerick, de son vrai nom Eliza Gilbert ?

La Lola Montès qui arrive à New York en 1851, accompagnée de Kossuth, le héros de l'insurrection hongroise, et qui faisait payer un dollar au curieux le droit de lui toucher la main, n'est en rien finie. Non plus l'arrogante Lola qui, en 1852, parcourait les rues de San Francisco, un perroquet sur l'épaule et deux dogues en laisse, les cheveux coupés court, habillée en homme, cigare aux lèvres, traitant les importuns à la cravache, suivie à quelques pas de son valet. Les journalistes californiens avaient certes à cette époque une imagination fertile, mais les archives de la Bancroft Library ne laissent aucun doute : son accueil fut digne de la plus extravagante des superproductions hollywoodiennes. Foule enthousiaste massée sur le port, conseil municipal au grand complet, drapeaux aux fenêtres, salves de mousqueterie, fanfares, enfants des écoles jetant sous ses pas des pétales de rose, rien ne manquait – pas même le grain de folie des jolis cœurs de la ville, qui prirent la place des chevaux de sa calèche pour conduire à l'hôtel, sous les vivats, la « maîtresse des rois » ! Laquelle arrivait accompagnée déjà de deux amants en titre, qui se regardaient en chiens de faïence : Patrick Pardy Hull, un jeune journaliste irlandais défenseur de l'idéal saint-simonien, et Sam Brannan lui-même, le millionnaire Brannan, le leader des mormons de Californie, le créateur de Sacramento, presque le roi du nouvel État. Une épave ? Allons donc ! Une conquérante, plutôt, pour cela reconnue comme une des leurs par tous ces fous magnifiques et dérisoires, brûlés par la fièvre de l'or, qui alors inventaient un nouveau monde...

Mais elle n'était pas là pour briller dans les salons : l'impatience de l'or, déjà, la tenait tout entière. Adieu donc, bientôt, la protection dorée de l'orgueilleux Brannan ! Trois mois à peine après son arrivée, San Francisco, stupéfaite, apprenait par un court entrefilet dans les journaux, tout à la fois son mariage avec Patrick Pardy Hull et son départ pour les « placers ».

Le voyage ne fut pas de tout repos. Pas de route, peu de relais, aucun confort. Sacramento, aujourd'hui capitale de la Californie, n'était encore, malgré les efforts de Brannan, qu'un amas de baraques plus ou moins délabrées, en bordure du fleuve. Et la fière Lola put mesurer rapidement qu'elle se trouvait loin, désormais, des mœurs raffinées de la cour de Bavière. Pas de chambres dans les hôtels, simplement des dortoirs. Au menu : des cuisses de grizzli bouillies et des steaks d'âne – les légumes étaient évidemment inconnus. Quant à sa fameuse *spider dance*, cette aguichante tarentelle qui avait fait se pâmer tous les élégants d'Europe, il lui fallut admettre que, passé un succès de curiosité, elle s'avérerait un mets trop léger pour les robustes appétits locaux, plus habitués aux facéties de Zoyara l'Hermaphrodite (dont l'authenticité était garantie, précisait la publicité, par un diplôme signé du roi de Sardaigne) ou de Helen Western, la danseuse aux cent trente kilos qui se produisait déguisée en Arabe – sans oublier Ole Bull, le violoniste, qui savait arracher des larmes aux plus robustes *diggers* lorsqu'il entamait *Home, sweet home*... Devant pareille adversité, le pauvre Hull, qui n'avait pas le tempérament d'un aventurier, commençait à regretter de plus en plus amèrement le confort de son bureau de San Francisco, tant et si bien qu'à Marysville, Lola Montès, exaspérée, le fit passer, lui et ses bagages, par la fenêtre de son hôtel et partit seule pour le Mother Lode, la terre mythique de l'or. Quinze jours plus tard, elle était, enfin, à Grass Valley.

Si le choc fut violent, elle n'en laissa rien paraître. En fait de terre promise, ce qu'elle avait sous les yeux n'était qu'un cloaque immonde, retourné à la barbarie, ravagé par une armée de brutes hébétées. Mais elle avait du caractère : on dit qu'elle entra, droite, sans broncher, dans la ville, indifférente au désordre, à la saleté, au bruit. [...]

C'est parmi cette foule où se côtoyaient Celtes de toutes provenances, Allemands, Canaques, Italiens, Français, Américains – sans oublier un groupe, particulièrement turbulent, de marins déserteurs et de convicts évadés du bagne de Sydney, ceux-là mêmes que l'on appelait les « petits canards » –, que Lola Montès vécut pendant deux ans. Elle aurait pu être aussitôt assassinée, violée, chassée, broyée par ces hordes sorties droit de l'enfer : elle fut leur reine. Trop belle, trop lointaine pour être à l'un d'eux, elle pouvait être à tous – comme leur idole, ou leur porte-bonheur. Les « honnêtes femmes » de Mill Street auraient pu chasser l'« impudique courtisane », mais quand elles comprirent qu'elles n'avaient rien à craindre pour leurs maris, elles en firent leur protégée. Et quand la flamboyante Lola entreprit de cultiver elle-même son jardin, faisant montre, paraît-il, d'une main verte exceptionnelle, ce fut un triomphe. Et elle sut mettre encore les rieurs de son côté lorsque, mise en cause par le pasteur, elle alla, en tenue de scène, danser devant sa porte la fameuse spider dance pour qu'il « sache au moins de quoi il parlait » ! Elle y parvint d'autant mieux qu'elle lui envoya, peu après, une forte somme pour ses œuvres. Les mineurs irlandais, pour la protéger, lui firent une garde d'honneur et avaient toujours un œil sur sa maison, elle put à loisir chercher de l'or, sortir de la vallée, s'enfoncer dans les bois, chasser, pêcher, sans le moindre problème. Une reine. On donna au sommet le plus élevé de la région le nom de « Mount Lola ». Il y eut bientôt les « Lola Diggins »...

De temps en temps, elle descendait au camp, pour une soirée exceptionnelle où, contre cent dollars par personne, elle dansait encore sa spider dance. Ou bien elle faisait pleurer ses compatriotes en chantant des *carols* nostalgiques de la verte Erin. Chaque semaine, elle tenait salon littéraire, où se retrouvaient les artistes de passage et quelques chercheurs d'or

qui tentaient de maintenir un « état de société », parmi lesquels, selon un témoin, deux neveux de Victor Hugo, quatre barons allemands, deux comtes français, un cercle d'aristocrates émigrés de Bohême – et, regardant tout cela, les yeux écarquillés, une petite fille de la maison voisine, qui allait devenir la grande star de l'Ouest : Lotta Crabtree...

Sa vie sentimentale ? Agacée par l'insistance de Patrick Hull qui tentait timidement de revenir en grâce, elle finit par lâcher sur lui les ours apprivoisés qu'elle gardait à demeure et entreprit des démarches pour un prompt divorce – mais l'infortuné Irlandais eut le bon goût de rendre l'âme aussitôt. Après le directeur de l'Empire Mine (qui probablement lui offrit la maison de Mill Street), elle s'amouracha d'un baron allemand, et, délaissant les pépites, se fit avec lui chasseuse de grizzlis – elle rencontra ainsi le marquis de Pindray, chasseur célèbre qui devait peu après fonder une communauté agricole à Cocospera, en pleine montagne apache, au Mexique, avec d'anciens quarante-huitards.

Et puis elle disparut, comme elle était venue, quand le temps de l'aventure ici s'acheva pour faire place à l'industrie. On la retrouva peu après en Australie, chercheuse d'or à nouveau... Elle laissa derrière elle un souvenir ébloui. On la dit maîtresse du Robin des Bois de Californie, Joaquim Murieta. On prétendit même qu'elle était en mission secrète, instigatrice d'un plan qui visait à faire du nouvel État un royaume dont elle aurait été la souveraine, que sais-je encore ? Bref, elle fit rêver.

Chaque printemps, les bougainvillées et les volubilis de son jardin refleurissent et Grass Valley célèbre, simplement, son souvenir. Mais, dites-moi, cette aventure-là, d'une princesse irlandaise régnant, en son lointain royaume celtique, sur un peuple de gueux, au cœur du Mother Lode, ne vaut-elle pas celle de la cour de Bavière ?

Michel Le Bris,
la Porte d'or

Un Français à San Francisco

Parmi les personnages hauts en couleur arrivés à San Francisco en 1849, Jules de France occupe une place à part. Républicain convaincu, aimable escroc, fondateur du premier journal français (« le Californien », écrit... à la main), auteur d'une pièce de théâtre « M. Gogo en Californie », il gagnait sa vie... comme bonne d'enfants. Ses multiples frasques et ses tours pendables lui valurent d'être chassé de la ville, et il mourut à La Havane.

La naissance d'une ville

« L'année dernière, à pareille époque, San Francisco n'était qu'un immense cloaque, où bêtes et gens s'engloutissaient à chaque pas. Cette vaste fondrière sillonnée en tous sens par des baraques et des tentes offrait le plus étrange spectacle qu'il soit possible d'imaginer. Une foule compacte et affairée s'agitait dans la boue avec une insouciance toute philosophique. Ici pataugeait bravement un habitué du boulevard chargé d'une caisse de vin dont la saveur lui était plus connue que le poids, là, un agent de change chargé de charbon souriait à un notaire chargé de farine, plus loin, un médecin vendait des cigares, et là-bas un sous-préfet criait des oranges.

« Tout émigré sans profession manuelle devenait portefaix. C'était la condition *sine qua non* du déjeuner et du dîner, voilà le secret de cette transformation fantastique. Excepté le commerce établi sur une grande échelle, toutes les conditions grouillaient ensemble dans la crotte, et si jamais l'égalité a existé quelque part c'est assurément à San Francisco qu'on l'aurait trouvée dans toute son acception. [...]

« San Francisco était une immense loge de fous. L'écume des nations se rencontrait dans trois à quatre cents tripots. Le jeu, l'ivrognerie, la débauche étaient, il y a quelques mois encore, les seuls dieux encensés à San Francisco. Mille piastres sur une carte étaient une mise ordinaire et quotidienne, l'ivresse un état normal et la débauche une distraction. Aussi est-ce avec joie que nous proclamons un retour sérieux à la grave civilisation américaine...

San Francisco renaît de ses cendres

« Trois fois consumé aux deux tiers, trois fois San Francisco est sorti de ses cendres plus riche et plus beau. Comme l'amiante que le feu blanchit, trois fois nous avons vu San Francisco sortir de son linceul de flammes plus radieux et plus paré !

« Dans quels lieux du monde trouverez-vous un planchéiage comparable à celui de San Francisco ? D'où peuvent venir ces immenses madriers qui, placés en travers de la rue, forment un parquet qui semble attendre la brosse du frotteur ? En combien de temps l'administration a-t-elle accompli ce magnifique travail ? En trois mois !

« Les travaux particuliers des propriétaires, poussés rapidement à l'aide d'effrayants déboursés, n'ont pas peu contribué à l'embellissement de la ville. De magnifiques maisons, construites en briques, s'élèvent aujourd'hui aux angles des principales rues, et peuvent ainsi opposer une digue à l'incendie, le cas échéant.

« La rue Montgomery, la grande artère de San Francisco, était, l'année dernière, une rivière de boue qu'il était impossible de traverser à gué. Voyez-la aujourd'hui ! Continuellement sillonnée en tous sens par une foule commerçante, c'est elle qui alimente l'activité du *Wharf Central*. Or, le Wharf Central est encore une

Steamers dans le port de San Francisco.

merveilleuse création américaine. Il s'agissait d'une conquête sur la mer. Ce gigantesque travail, terminé rapidement, comme toujours, a donné une seconde ville à San Francisco, et le voyageur étonné peut voir aujourd'hui une nouvelle Venise, s'avançant fièrement dans la mer, et courant, pour ainsi dire, au-devant de ses vaisseaux. Cette interminable jetée, ce vaste promontoire de bois, permet aux plus gros navires d'accoster à tribord et bâbord ; les trois-mâts du plus fort tonnage, les vapeurs les plus grands et du tirant d'eau le plus profond, peuvent opérer leurs déchargements, chargements et transbordements, sans avoir recours, soit à leurs embarcations, soit à des chalands de transport. Goélettes et sloops y arrivent de Stockton, Sacramento City, le Pueblo, etc.

Les petits métiers de San Francisco

« L'intelligence et le travail ont placé sur toute la côte de l'admirable baie de San Francisco des laboureurs, des jardiniers, des chasseurs, qui approvisionnent la place avec abondance. Les canards et les oies sauvages pullulent. Chevreuils, antilopes, cerfs, se vendent de 70 $ à 80 $, un ours de 600 kg 200 $. Nous n'avions pas même de salade, cette luzerne des gourmands, mais un beau jour San Francisco se mit au vert. Un Français, deux Français, trois Français venaient de découvrir cette espèce de *raiponce* que nous mangeons aujourd'hui avec plaisir et abondance. Dès lors naquit l'industrie du *saladier* ; cet homme de génie, armé seulement d'un couteau et de son mouchoir de poche, se mit à gagner tranquillement 6 $ à 8 $ par jour. Nous avons connu

Bien vite, le french cancan s'attire les faveurs du public californien.

un chirurgien et un vétérinaire qui employaient fort agréablement, l'un son *bistouri,* l'autre sa *flamme,* à la grande joie du *saladier,* leur nouvelle profession.

« A cette industrie de *verdurier* succédèrent rapidement d'autres industries de table, les chercheurs de moules, de crabes, de homards, d'hermites et autres coquillages, les établissements en plein vent, les échoppes-restaurants, les petits gâteaux et les petits verres, à des prix réduits. Il va sans dire que ces industriels, la plupart bachelier ès lettres, ès sciences même, préféraient ce genre d'occupation à des travaux plus pénibles. Mais, hélas ! le nombre de ces savants travailleurs s'accrut de jour en jour, et les bénéfices tombèrent alors que la concurrence s'établit. Les inventeurs, ayant réuni le capital nécessaire pour aller aux mines, partirent incontinent, et les autres continuèrent à grand'peine leurs petites industries, travaillant encore aujourd'hui pour arriver au même but, but, hélas, qui pour presque tous n'est qu'une désillusion de plus...

« Mais à quoi, bon Dieu ! faut-il attribuer cette affluence de navires qui, de tous les points du monde, viennent jeter des myriades de malheureux sur la plage californienne ? L'Europe a-t-elle le délire, et la France, particulièrement, est-elle devenue folle ? C'est l'or, dit-on, c'est l'or qui tourne les têtes, c'est l'or qui ôte esprit et raison... »

Jules de France,
in *Public Balance*,
28 janvier 1851

Les Dix Commandements du mineur

J. M. Hutchings les rédigea d'abord comme une bonne blague. Imprimés en 1853 au dos de papier à lettres, puis décorés de gravures, ils firent sa fortune. Pas une cabane dans la Sierra Nevada qui ne l'affichât !

I

Tu n'auras qu'une concession et une seule.

II

Tu ne fausseras pas le droit de concession et tu renonceras à imiter l'homme misérable qui s'empare de la concession d'un autre.

III

Tu ne rechercheras pas de nouveau gisement avant que ta concession soit épuisée. Tu ne porteras pas ton argent, ni ta poudre d'or, ni ton nom honorable à la table de jeu en vain ; car le monte, le vingt-et-un, la roulette, le faro, le lansquenet et le poker t'apprendront que plus tu engages, moins tu ramasses.

IV

Tu ne te remémoreras pas ce que tes amis font chez eux le jour du sabbat, de crainte que la comparaison avec ce que tu fais ici ne te soit défavorable. Six jours durant tu creuses ou pioches autant que ton corps peut le supporter ; mais le dernier jour est le dimanche, et néanmoins tu le passes à laver toutes tes chemises sales, toutes tes chaussettes, à remettre tes chaussures en état, à raccommoder tes vêtements, à couper tout ton bois pour la semaine, à préparer et cuire ton pain et à faire bouillir ton porc et tes fayots, afin de ne pas avoir à attendre lorsque tu rentres de ta longue journée harassé. Car en six jours de travail seulement, tu ne marnes pas suffisamment pour exténuer ton corps en deux ans ; mais si tu trimes dur le dimanche aussi, là tu pourras y parvenir en six mois.

V

Tu ne penseras pas plus à ton or, ni aux moyens d'en acquérir plus vite, qu'à la manière dont tu le dépenseras après avoir foulé aux pieds les préceptes et les maximes de tes bons vieux parents, afin de ne rien avoir à te reprocher ni rien qui te tourmente quand tu te retrouves *seul* dans le pays où la bénédiction de ton père et l'amour de ta mère t'ont envoyé.

VI

Tu ne tueras pas ton corps en le faisant travailler sous la pluie, alors même que tu as de quoi acheter des médicaments et te payer une consultation. Tu ne te détruiras pas non plus en étant gris, ou éméché, ou beurré, ou paf, ou bourré, ou rétamé, à force de descendre bénignement des cordiaux à l'eau-de-vie, des cocktails au

THE MINERS' TEN COMMANDMENTS.

A man spake these words, and said: I am a miner, who wandered "from away down east," and came to sojourn in a strange land, and "see the elephant." And behold I saw him, and bear witness, that from the key of his trunk to the end of his tail, his whole body has passed before me; and I followed him until his huge feet stood still before a clapboard shanty; then with his trunk extended, he pointed to a candle-card tacked upon a shingle, as though he would say Read, and I read the

MINERS' TEN COMMANDMENTS.

I.

Thou shalt have no other claim than one.

II.

Thou shalt not make unto thyself any false claim, nor any likeness to a mean man, by jumping one; whatever thou findest on the top above or on the rock beneath, or in a crevice underneath the rock;—or I will visit the miners around to invite them on my side; and when they decide against thee, thou shalt take thy pick and thy pan, thy shovel and thy blankets, with all that thou hast, and "go prospecting" to seek good diggings; but thou shalt find none. Then, when thou hast returned, in sorrow shalt thou find that thine old claim is worked out, and yet no pile made thee to hide in the ground, or in an old boot beneath thy bunk, or in buckskin or bottle underneath thy cabin; but hast paid all that was in thy purse away, worn out thy boots and thy garments, so that there is nothing good about them but the pockets, and thy patience is likened unto thy garments; and at last thou shalt hire thy body out to make thy board and save thy bacon.

III.

Thou shalt not go prospecting before thy claim gives out. Neither shalt thou take thy money, nor thy gold dust, nor thy good name, to the gaming table in vain; for monte, twenty-one, roulette, faro, lansquenet and poker, will prove to thee that the more thou puttest down the less thou shalt take up; and when thou thinkest of thy wife and children, thou shalt not hold thyself guiltless—but insane.

IV.

Thou shalt not remember what thy friends do at home on the Sabbath day, lest the remembrance may not compare favorably with what thou doest here.—Six days thou mayest dig or pick all that thy body can stand under; but the other day is Sunday; yet thou washest all thy dirty shirts, darnest all thy stockings, tap thy boots, mend thy clothing, chop thy whole week's firewood, make up and bake thy bread, and boil thy pork and beans, that thou wait not when thou returnest from thy long-tom weary. For in six days' labor only thou canst not work enough to wear out thy body in two years; but if thou workest hard on Sunday also, thou canst do it in six months; and thou, and thy son, and thy daughter, thy male friend and thy female friend, thy morals and thy conscience, be none the better for it; but reproach thee, shouldst thou ever return with thy worn-out body to thy mother's fireside; and thou shalt not strive to justify thyself, because the trader and the blacksmith, the carpenter and the merchant, the tailors, Jews, and buccaneers, defy God and civilization, by keeping not the Sabbath day, nor wish for a day of rest, such as memory, youth and home, made hallowed.

V.

Thou shalt not think more of all thy gold, and how thou canst make it fastest, than how thou wilt enjoy it, after thou hast ridden rough-shod over thy good old parents' precepts and examples, that thou mayest have nothing to reproach and sting thee, when thou art left ALONE in the land where thy father's blessing and thy mother's love hath sent thee.

VI.

Thou shalt not kill thy body by working in the rain, even though thou shalt make enough to buy physic and attendance with. Neither shalt thou kill thy neighbor's body in a duel; for by "keeping cool," thou canst save his life and thy conscience. Neither shalt thou destroy thyself by getting "tight," nor "slewed," nor "high," nor "corned," nor "half-seas over," nor "three sheets in the wind," by drinking smoothly down—"brandy slings," "gin cocktails," "whisky punches," "rum-toddies," nor "egg nogs." Neither shalt thou suck "mint-julips," nor "sherry-cobblers," through a straw, nor gurgle from a bottle the "raw material," nor "take it neat" from a decanter; for, while thou art swallowing down thy purse, and thy coat from off thy back, thou art burning the coat from off thy stomach; and, if thou couldst see the houses and lands, and gold dust, and home comforts already lying there—"a huge pile"—thou shouldst feel a choking in thy throat; and when to that thou addest thy crooked walkings and hiccuping talkings, of lodgings in the gutter, of broilings in the sun, of prospect-holes half full of water, and of shafts and ditches, from which thou hast emerged like a drowning rat, thou wilt feel disgusted with thyself, and inquire, "Is thy servant a dog that he doeth these things?" verily I will say, Farewell, old bottle, I will kiss thy gurgling lips no more. And thou, slings, cocktails, punches, smashes, cobblers, nogs, toddies, sangarees, and julips, forever farewell. Thy remembrance shames me; henceforth, "I cut thy acquaintance," and headaches, tremblings, heart burnings, blue devils, and all the unholy catalogue of evils that follow in thy train. My wife's smiles and my children's merry-hearted laugh, shall charm and reward me for having the manly firmness and courage to say NO. I wish thee an eternal farewell.

VII.

Thou shalt not grow discouraged, nor think of going home before thou hast made thy "pile," because thou hast not "struck a lead," nor found a "rich crevice," nor sunk a hole upon a "pocket," lest in going home thou shalt leave four dollars a day, and go to work, ashamed, at fifty cents, and serve thee right; for thou knowest by staying here, thou mightst strike a lead and fifty dollars a day, and keep thy manly self-respect, and then go home with enough to make thyself and others happy.

VIII.

Thou shalt not steal a pick, or a shovel, or a pan from thy fellow miner; nor take away his tools without his leave; nor borrow those he cannot spare; nor return them broken, nor trouble him to fetch them back again, nor talk with him while his water rent is running on, nor remove his stake to enlarge thy claim, nor undermine his bank in following a lead, nor pan out gold from his "riffle box," nor wash the "tailings" from his sluice's mouth. Neither shalt thou pick out specimens from the company's pan to put them in thy mouth, or in thy purse; nor cheat thy partner of his share; nor steal from thy cabin-mate his gold dust, to add to thine, for he will be sure to discover what thou hast done, and will straightway call his fellow miners together, and if the law hinder them not, they will hang thee, or give thee fifty lashes, or shave thy head and brand thee, like a horse thief, with "R" upon thy cheek, to be known and read of all men, Californians in particular.

IX.

Thou shalt not tell any false tales about "good diggings in the mountains," to thy neighbor, that thou mayest benefit a friend who hath mules, and provisions, and tools and blankets, he cannot sell,—lest in deceiving thy neighbor, when he returneth through the snow with naught save his rifle, he present thee with the contents thereof, and like a dog, thou shalt fall down and die.

X.

Thou shalt not commit unsuitable matrimony, nor covet "single blessedness;" nor forget absent maidens; nor neglect thy "first love;"—but thou shalt consider how faithfully and patiently she awaiteth thy return; yea, and covereth each epistle that thou sendest with kisses of kindly welcome—until she hath thyself. Neither shalt thou covet thy neighbor's wife, nor trifle with the affections of his daughter; yet, if thy heart be free, and thou dost love and covet each other, thou shalt "pop the question" like a man, lest another, more manly than thou art, should step in before thee, and thou love her in vain; and in the anguish of thy heart's disappointment, thou shalt quote the language of the great, and say, "such is life;" and thy future lot be that of a poor, lonely, despised and comfortless bachelor.

A new Commandment give I unto thee—if thou hast a wife and little ones, that thou lovest dearer than thy life,—that thou keep them continually before thee, to cheer and urge thee onward until thou canst say, "I have enough—God bless them—I will return." Then as thou journiest towards thy much loved home, with open arms shall they come forth to welcome thee, and falling upon thy neck weep tears of unutterable joy that thou art come; then in the fullness of thy heart's gratitude, thou shalt kneel together before thy Heavenly Father, to thank Him for thy safe return. AMEN—So mote it be.

FORTY-NINE.

gin, des punchs au whisky, des grogs au rhum ou des remontants d'œufs battus dans de l'alcool. Car tandis que tu bois le contenu de ton porte-monnaie et la valeur du manteau que tu as sur le dos, tu t'esquintes et te brûles les boyaux.

VII

Tu ne te laisseras pas aller au découragement, ni ne songeras à regagner tes pénates avant d'avoir fait ta pelote, même si tu n'as pas heurté de filon mère ni trouvé de crevasse prometteuse, de crainte qu'en rentrant chez toi tu n'aies à dépenser quatre dollars par jour et ne doives aller travailler, honteux, pour cinq cents, et ce sera bien tout ce que tu mérites.

VIII

Tu ne voleras pas la pioche, ni la pelle, ni la batée de ton compagnon de travail ; tu n'emporteras pas ses outils sans sa permission, ni n'emprunteras ceux dont il ne peut se passer ; tu ne les lui rendras pas cassés, ni ne te feras tirer l'oreille pour les lui rendre, ni ne bavasseras avec lui pendant que c'est son tour d'eau ; tu ne déplaceras pas son jalon pour agrandir ta concession, ni ne saperas son remblai en suivant un filon, ni ne laveras ton gravier dans sa trieuse, ni ne laveras ta récolte avec l'eau de sa vanne. Tu ne prélèveras pas d'échantillons dans la batée de la société pour les mettre dans ta batée ou dans ton porte-monnaie ; tu ne frustreras pas ton voisin de travail de sa part, ni ne déroberas la poussière d'or de ton compagnon de chambre ; car il découvrira à coup sûr ce que tu as fait, et rassemblera immédiatement ses compagnons de travail, et si la loi ne les en empêche pas ils te pendront ou te donneront cinquante coups de fouet, ou te raseront la tête et te marqueront au fer rouge l'initiale « V » sur la joue, afin que tout le monde, les Californiens en particulier, puissent la lire en te voyant.

IX

Tu ne fera pas circuler de faux bruits concernant « de bons placers dans les montagnes » auprès de ton voisin dans le dessein de tirer profit d'un ami pourvu de mulets et de vivres, d'outils et de couvertures qu'il ne peut vendre, de crainte qu'il ne revienne un peu plus tard, dépouillé de tout sauf de son fusil qu'il déchargera sur toi et tu t'écrouleras et mourras comme un chien.

X

Tu ne feras pas de mariage inconvenant, ni ne convoiteras la félicité du célibat, ni n'oublieras les jeunes filles absentes, ni ne négligeras ton premier amour ; au contraire, tu auras de la considération pour elle qui attend si fidèlement ton retour, oui, et couvre chaque épître que tu lui envoies de baisers en attendant qu'elle t'ait en personne.

Et j'ajoute un autre commandement pour ta gouverne ; si tu as une femme et des petits que tu chéris plus que ta vie, garde-les continuellement présents à ton esprit afin de t'affermir et de t'encourager sur ta voie jusqu'au jour où tu pourras dire : « Ça va bien comme ça. Je rentre ! » Alors, tandis que tu seras en route vers ton foyer, ils s'avanceront au-devant de toi pour t'accueillir et dans la plénitude de ton cœur tu t'agenouilleras avec eux devant ton Père céleste afin de le remercier de t'avoir accordé ce retour sain et sauf. Amen. Qu'il en soit ainsi.

J. M. Hutchings,
les Dix Commandements du mineur,
traduction de Marianne Bonneau

La Chance de Roaring Camp

Cette nouvelle de Bret Harte (1836-1902), qui dit bien le mélange de rudesse et de sensiblerie en vigueur dans les camps de la Sierra, fut probablement la plus lue à l'ouest des Rocheuses – avec « la Grenouille sauteuse de Calaveras » de son ami Mark Twain.

Le Roaring Camp était en émoi. Ce ne pouvait être une rixe qui en était la cause : car en 1850 une rixe ne constituait pas un événement assez rare pour rassembler un camp tout entier. On avait abandonné gisements et filons ; et même les joueurs acharnés de chez « Tutle », qui avaient, on s'en souvient, continué leur partie comme si de rien n'était le jour où French Pete et Kanaka Joe s'étaient entre-tués à coups de pistolet par-dessus le comptoir, se trouvaient rassemblés là.

Tout le Camp se pressait devant une cabane située à la lisière de la forêt. Dans les conversations qui se poursuivaient à voix basse revenait sans cesse le nom d'une femme, un nom familier à tous : « Cherokee Sal ».

Moins nous parlerons d'elle, mieux cela vaudra peut-être. C'était une femme grossière, très loin d'être vertueuse je le crains ; mais en ce moment elle était l'unique femme du Roaring Camp. Et elle se débattait dans une crise où elle aurait eu grand et urgent besoin des soins de personnes de son propre sexe. Si dissolue, dépravée, incorrigible même qu'elle fût, elle n'en souffrait pas moins un martyre. Même s'il avait été adouci par des mains de femmes compatissantes, il eût été cruel : dans cette absolue solitude il était tout simplement terrible.

Son expiation consista peut-être, en partie, à ne rencontrer que des visages d'hommes à demi méprisants alors qu'elle aurait eu le plus besoin du secours et de la tendresse de créatures de son sexe. Pourtant quelques-uns des spectateurs qui l'entouraient étaient, je crois, touchés par ses souffrances. Sandy Tipton songea même que « c'était dur pour Sal » au point d'oublier durant quelques minutes qu'il avait deux cartes et un dé pipé dans sa manche.

Il faut convenir que la situation n'avait pas de précédent. La mort était une notion familière à Roaring Camp, mais une naissance y était chose tout à fait nouvelle. Bien des gens s'en étaient allés d'ici une fois pour toutes, sans possibilité de retour, mais nul encore ne s'y était présenté *ab initio*. D'où l'émotion.

« – Entre donc, Stumpy, dit un éminent citoyen connu sous le nom de Kentuck, s'adressant à l'un des badauds. Vas-y et vois ce que tu peux faire, toi qui as l'expérience de ces choses-là. »

Le choix n'était peut-être pas si mauvais. Stumpy, sous d'autres cieux, ayant été le chef putatif de deux familles ; c'était même à l'illégalité de sa situation que le Roaring Camp, cité de refuge, devait l'honneur de sa présence.

La foule approuva et Stumpy eut la sagesse de s'incliner devant la décision de la majorité. La porte se referma sur cette sage-femme improvisée et tout le Roaring Camp s'assit dehors, fumant sa pipe et attendant les événements.

L'assemblée comptait une centaine d'hommes. Quelques-uns étaient des fugitifs recherchés par la justice ; plusieurs étaient des criminels et tous, en tout cas, des êtres sans foi ni loi.

Physiquement parlant rien ne trahissait les orages de leur vie passée, ni leur caractère. Le pire gredin avait une tête de Raphaël, avec une abondante chevelure blonde ; Oakhurst, le joueur, arborait la physionomie mélancolique et la rêverie intellectuelle d'Hamlet ; quant au plus courageux de tous, il n'avait qu'une taille de cinq pieds, la voix douce et l'air timide et embarrassé. Le terme de « durs » qu'on leur appliquait était une distinction plutôt qu'une définition.

Peut-être, concernant certains détails mineurs, doigts, orteils, oreilles, etc., le Camp accusait-il quelques lacunes ; mais ces légères omissions ne diminuaient en rien la force collective. Au plus robuste il ne restait que trois doigts à la main droite, tandis que le meilleur tireur n'avait qu'un œil.

Tels étaient ces hommes égaillés autour de la cabane. Le Camp occupait une vallée triangulaire entre deux collines, flanquée d'une rivière. La seule voie de sortie était un raide sentier menant au sommet d'une des collines, face à la cabane maintenant illuminée par la lune montante.

De la dure couche sur laquelle elle gisait, la femme en proie aux douleurs de l'enfantement pouvait voir serpenter ce sentier, tel un fil d'argent se déroulant jusqu'aux étoiles, parmi lesquelles il se perdait.

Un feu de branches de sapin jetait une note d'intimité sur la réunion et, peu à peu, la légèreté naturelle aux hôtes du Roaring Camp reprit le dessus. Les paris s'engagèrent. Trois contre cinq que Sal s'en tirerait et même que l'enfant survivrait ! Puis, divers paris moins importants au sujet du sexe et de la mine du petit étranger attendu. Au plus fort de cette discussion animée une exclamation jaillit du groupe le plus rapproché de la porte et le Camp se tut, tout oreilles soudain. Dominant le gémissement des pins balancés par le vent, le rapide murmure de la rivière et le crépitement du feu, un cri s'éleva ; un cri aigu et plaintif, un cri qui ne ressemblait à rien de ce qu'on avait encore entendu dans le Camp. Les pins cessèrent de gémir, la rivière de murmurer, et le feu de crépiter. On aurait dit que la Nature se taisait pour écouter elle aussi.

Comme un seul homme le Camp bondit sur ses pieds. On proposa de faire exploser un baril de poudre, mais, en considération pour l'état de la mère, de meilleurs avis prévalurent et l'on se contenta de décharger quelques revolvers. En effet, soit que ce fût par la faute de l'accoucheur improvisé, que ce fût pour une autre raison, Cherokee Sal se mourait ! En une heure, elle avait gravi ce rude sentier qui menait aux étoiles et elle quitta Roaring Camp, son péché et sa honte, pour toujours. Je ne crois pas que cette nouvelle troubla beaucoup le Camp. Il n'en allait pas de même concernant le sort de l'enfant.

« Vivra-t-il ? » demanda-t-on à Stumpy. La réponse fut dubitative ; la seule créature, ici, du sexe de Cherokee Sal, mère elle aussi, était une ânesse. On fit quelques réserves sur le choix d'une pareille nourrice, mais l'expérience fut néanmoins tentée. Ce mode d'élevage était après tout moins problématique que celui de Romulus et Remus. Il réussit tout aussi bien.

Ces détails réglés, ce qui exigea une seconde heure, la porte s'ouvrit, et les hommes anxieux qui faisaient déjà la queue entrèrent à la file.

Près de la couche où le cadavre de la mère se profilait sous des couvertures, se dressait une table de sapin et là, dans une boîte à chandelles, gisait le nouveau-venu de Roaring Camp, emmailloté dans une éclatante flanelle rouge. A côté de la boîte à chandelles, était posé un chapeau dont on comprit bientôt l'usage.

« – Messieurs, dit Stumpy avec un singulier mélange de complaisance officielle et d'autorité, veuillez entrer par la porte de devant et sortir par celle de derrière après avoir fait le tour de la table ; ceux qui voudront donner quelque chose à l'orphelin trouveront un chapeau à portée de leur main. »

Le premier qui entra avait son chapeau bien enfoncé sur la tête ; ayant jeté un coup d'œil autour de lui il se découvrit et donna sans le savoir l'exemple aux autres. Dans de pareilles communautés, les bonnes actions sont aussi contagieuses que les mauvaises. A mesure que la procession défilait, pleuvaient de toutes parts commentaires et observations critiques adressées, peut-être indirectement, à Stumpy ou plutôt à sa mise en scène.

« – Ce n'est que ça ? Il n'est pas gros, l'échantillon ! Pas plus grand qu'un pistolet. »

Les donations furent caractéristiques : une tabatière d'argent, un doublon, un revolver de marine monté en argent, un lingot d'or, un magnifique mouchoir de dame brodé (don d'Oakhurst, le joueur), une épingle de cravate enrichie d'un diamant, une bague avec diamants elle aussi (idée suggérée probablement par l'épingle, le généreux donateur ayant déclaré que cela ferait deux diamants de plus), une fronde, une Bible (donateur inconnu), un éperon d'or, une cuiller à thé en argent (les initiales, je regrette de le dire, n'étaient pas celles du donateur), une paire de ciseaux de chirurgien, une lancette, un billet de cinq livres de la Banque d'Angleterre et environ 200 dollars en menue monnaie d'or et d'argent. Pendant que se déroulait cette cérémonie, Stumpy gardait un silence aussi profond que la morte à sa gauche et une gravité aussi impénétrable que le nouveau-né à sa droite. Un seul incident rompit l'ordre de ce curieux défilé : Kentuck se penchait à demi curieux lorsque l'enfant se retourna, et dans un spasme de douleur, saisit un de ses doigts qu'il serra un instant. Kentuck prit l'air sot et embarrassé, une légère rougeur colora la peau tannée de ses joues. « Le sacré petit coquin », dit-il, se dégageant avec douceur et une délicatesse dont on ne l'aurait guère cru capable. Il tenait son doigt un peu écarté des autres en

sortant et il le regardait pensivement ; il l'examina encore et répéta, le montrant à Tipton : « Le sacré petit coquin, il a joliment serré. »

Il était quatre heures du matin lorsque le Camp songea enfin au repos. Une lumière brilla toute la nuit dans la cabane où veillaient Kentuck et Stumpy.

Kentuck but abondamment, racontant son aventure avec entrain, la terminant invariablement avec sa remarque au sujet du nouvel arrivant : « Ce sacré petit coquin. » Il lui semblait que ces termes qu'il jugeait peu respectueux en réfutaient par avance tout soupçon de sensiblerie, car il avait la pudeur du sexe fort. Quand tout le monde se fut mis au lit, il descendit jusqu'à la rivière en sifflant méditativement, puis il remonta le ravin, passa devant la cabane, toujours sifflant avec une insouciance affectée ; il s'arrêta devant un grand séquoia, revint sur ses pas, dépassa encore une fois la cabane, puis, à mi-chemin de la berge, interrompit à nouveau sa promenade, fit demi-tour et cette fois alla frapper à la porte. Stumpy ouvrit.

« – Comment ça va-t-il ? demanda Kentuck, avec un coup d'œil vers la boîte à chandelles.

– Tout est calme, répondit Stumpy.

– Rien de nouveau ?

– Rien. »

Il y eut un moment de silence assez embarrassant, au cours duquel Stumpy tenait toujours la porte. Kentuck, alors, pointa son fameux doigt vers Stumpy : « Il l'a bien serré, hein, le sacré petit coquin », dit-il. Puis il s'en alla.

Le lendemain, Cherokee Sal reçut la sépulture fruste que le Roaring Camp pouvait lui donner. Après que le corps de la mère eut été confié au flanc de la colline, le Camp s'assembla solennellement pour délibérer sur ce qu'il ferait de l'enfant.

Unanime et enthousiaste fut la décision de l'adopter, mais une discussion animée s'éleva immédiatement sur la manière et les moyens de pourvoir à ses besoins. Chose remarquable, les orateurs n'eurent recours à aucune de ces féroces remarques personnelles dont ils étaient si prodigues dans toutes les discussions habituelles du Roaring Camp. Tipton proposa d'envoyer l'enfant au Red Dog, à quarante mille de là, où des femmes pourraient s'occuper de lui ; mais sa malencontreuse proposition fut repoussée par tous, le Camp n'entendant sous aucun prétexte se séparer de sa nouvelle acquisition. « De plus, dit Tom Ryder, les gens du Red Dog seraient bien capables de nous le voler et de l'échanger contre un autre ! »

L'introduction d'une nourrice dans le Camp souleva aussi des objections. On prétendit qu'on ne pourrait convaincre aucune femme décente à y demeurer, et l'orateur ajouta qu'on ne voulait plus de femme ici. Cette allusion envers la défunte mère, si dure qu'elle pût paraître, était le premier symptôme de la régénération du Camp. Stumpy se tut quant à lui, mettant peut-être une certaine délicatesse à ne pas intervenir dans le choix de son remplaçant ; mais, quand on l'interrogea, il soutint hardiment que lui et Jinny (l'ânesse déjà mentionnée) suffiraient à élever

l'enfant. Il y avait quelque chose d'original, d'indépendant et d'héroïque dans ce projet, ce qui séduisit chacun. Stumpy fut retenu comme père nourricier. On dépêcha quelqu'un à Sacramento, pour acheter divers articles de layette. « Fais attention, dit le trésorier, mettant un sac de poudre d'or entre les mains du messager. Prends ce que l'on peut trouver de mieux, de la dentelle, des broderies et des volants... tant pis pour le prix. »

Chose étrange, l'enfant prospéra. Peut-être le climat vivifiant de la montagne compensait-il les insuffisances matérielles dont il avait à souffrir ? La nature prit le nourrisson sur son sein généreux. Dans la pure atmosphère des collines de la Sierra, cet air tout saturé d'émanations balsamiques, cordial léger à la fois fortifiant et capiteux, il trouva la nourriture qu'il lui fallait. Une chimie subtile transformait le lait de l'ânesse. Stumpy était porté à croire que la bonne mine de l'enfant était surtout due à ce lait et aux bons soins dont il l'entourait, lui. « Moi et l'ânesse, avait-il coutume de dire, ont été un père et une mère pour lui. N'est-ce pas, ajoutait-il, apostrophant le petit être sans défense allongé dans ses langes. J'espère bien que tu ne me démentiras pas quand tu seras grand ! »

Lorsque l'enfant eut un mois, la nécessité de lui donner un nom commença à se faire sentir. On le désignait en général sous les surnoms les plus divers : « le gosse », « le petit garçon de Stumpy », « le coyote » (allusion à ses pouvoirs vocaux) et on employait même parfois le tendre diminutif de Kentuck « le sacré petit coquin ». Mais on sentait que tout cela était vague et peu satisfaisant et qu'il était temps de trouver quelque chose. Les joueurs et les aventuriers sont en général superstitieux et Oakhurst, un beau jour, déclara que le bébé avait apporté « la chance » à Roaring Camp. Il était certain que ces derniers temps tout réussissait à ses habitants. « La chance » fut le nom sur lequel on se mit d'accord avec, question de commodité, Tommy comme ajout. Aucune allusion ne fut faite à la mère, pas plus au père qui était inconnu. « Il vaut mieux, disait philosophiquement Oakhurst, commencer à zéro ; appelons-le La Chance et qu'il prenne un bon départ. » [...]

Pendant les longues journées d'été, on portait en général La Chance dans la gorge d'où provenait l'or du Roaring Camp. Il restait couché sur une couverture étendue sur des branchettes de pin, tandis que les hommes travaillaient au-dessous de lui. Plus tard, ces gens essayèrent, à leur manière fruste, de décorer le bosquet de fleurs et de branches odoriférantes ; La Chance trouvait presque toujours quelqu'un pour lui apporter un bouquet de chèvrefeuille, ou d'azalées sauvages ou encore de branches fleuries de mariposas aux riantes couleurs. Les hommes du Camp s'étaient soudain éveillés au sentiment de la beauté et de l'importance de ces petits riens, qu'ils avaient pendant si longtemps foulés aux pieds sans y prêter la moindre attention. Un éclat de mica étincelant, un fragment de quartz irisé, un caillou aux belles nuances lavé par le torrent prenaient désormais une valeur à leurs yeux. Il était merveilleux de voir combien de trésors « qui feraient plaisir à Tommy » pouvaient receler les bois et les collines. Entouré de jouets semblables à des cadeaux de fées, on peut espérer que Tommy était content. [...]

Cet été fut l'âge d'or de Roaring Camp. C'était une période faste et la chance était avec chacun. Le camp était jaloux de ses privilèges et regardait les étrangers d'un œil méfiant. Bien loin d'encourager l'immigration et pour mieux faire bande à part, on avait acheté tous les terrains de chaque côté de la montagne qui entourait le camp. Cette initiative, ainsi que la réputation bien établie de ses habitants d'avoir le coup de revolver facile, rendit ses limites inviolables. Le messager – le seul lien avec le monde extérieur – racontait quelquefois de merveilleuses histoires sur le Camp.

Il disait : « Ils ont une rue à Roaring Camp qui damerait le pion à la plus belle rue de Red Dog. Ils ont des treilles et des fleurs autour de leurs maisons, et ils se lavent deux fois par jour. Mais ils sont plutôt durs avec les étrangers et ils adorent un bébé indien... » [...]

On se souviendra longtemps dans les collines de l'hiver de 1851. La neige couvrait les sierras d'un épais manteau, et chaque cours d'eau devint une rivière et chaque rivière un lac. Gorges et ravins étaient transformés en torrents tumultueux qui descendaient les collines, arrachant les arbres géants sur leur passage et jonchant la plaine d'amas et de débris.

Red Dog avait été deux fois sous les eaux et Roaring Camp avait été prévenu. « C'est l'eau, dit Stumpy, qui dépose de l'or dans ces régions, elles ont été inondées, elles le seront encore. »

Et cette nuit-là le torrent de la Fourche du Nord sortit soudain de son lit et balaya la vallée triangulaire de Roaring Camp.

Dans le fracas des arbres brisés, dans les ténèbres qui semblaient se répandre avec les flots pour effacer du monde ces belles campagnes, dans tout l'horrible désordre de cette inondation où l'eau jaillissait de toutes parts comme un torrent, il eût été bien difficile de rassembler tout le Camp.

Lorsque l'aube se leva, la cabane de Stumpy, la plus proche du bord de la rivière, avait été emportée. Plus haut dans le ravin on trouva le corps de son malheureux propriétaire. Mais la fierté, l'espoir, la joie, La Chance du Roaring Camp avait disparu. Les hommes qui le cherchaient allaient repartir, le cœur gros, quand des voix venant de la rive les rappelèrent.

C'était un bateau de secours qui remontait la rivière. Les gens qui le menaient avaient recueilli – dirent-ils – un homme et un enfant presque épuisés, environ deux miles plus bas. Est-ce que quelqu'un les connaissait, étaient-ils d'ici ?

Il suffit aux hommes d'un coup d'œil pour reconnaître Kentuck, cruellement meurtri et blessé mais tenant encore La Chance de Roaring Camp dans ses bras. Se penchant sur ce couple étrangement assorti, quelqu'un vit que l'enfant était froid et que son pouls ne battait plus.

« – Il est mort », dit-il.

Kentuck ouvrit les yeux.

« – Mort, répéta-t-il faiblement.

– Oui, mon garçon, et tu es en train de mourir toi aussi. »

Un sourire éclaira le regard de Kentuck mourant.

« – Je meurs, murmura-t-il. Il m'emporte avec lui. Dites aux gars que j'ai La Chance avec moi, maintenant.

Et l'homme robuste, s'accrochant au fragile bébé comme on dit que le noyé s'accroche à la moindre feuille d'herbe ou à la moindre algue, se laissa entraîner vers ce fleuve ténébreux qui roule éternellement vers l'Océan inconnu.

Bret Harte,
La Chance de Roaring Camp,
traduction de Reine Kruh

Une lady dans les camps

Dame Shirley, de son vrai nom Louise Amelia Knapp Smith Clapp, vécut avec son mari à Rich Bar, puis à Indian Bar de septembre 1851 à novembre 1852. Les trente-trois lettres qu'elle adressa alors à sa sœur restée dans le Massachusetts constituent peut-être le plus beau témoignage jamais écrit sur la vie dans les mines.

Résidence dans les mines
De notre cabane en rondins, Indian Bar
[*Bar :* banc de sable ou de gravier au confluent de deux fleuves (NdT)]
4 août 1852

[...] Le jour suivant, le *Vigilance Committee* jugea cinq ou six Espagnols, qui furent convaincus d'avoir été les meneurs de l'émeute du jour du sabbat. Deux d'entre eux furent condamnés à être fouettés, les autres à quitter le placer le soir même ; leurs biens à tous furent confisqués au profit des personnes blessées. Oh ! Mary, imagine ma désolation quand j'ai entendu le premier coup frapper ces malheureux. Je n'aurais jamais pensé qu'il me faudrait un jour entendre des

sons si terribles et, bien que j'aie immédiatement enfoui ma tête dans un châle, je sais que rien n'effacera de ma mémoire le dégoût et l'horreur de ce moment. J'avais entendu parler de ces choses, mais jusqu'ici je n'avais pas pris conscience qu'au XIXe siècle, des hommes pouvaient être battus comme des chiens, et encore moins que d'autres hommes pouvaient très bien condamner une telle barbarie, mais ne pas intervenir en y étant confrontés, ne pas voir dans ces hommes leur propre humanité avilie aussi abjectement. L'un de ces infortunés était un jeune Espagnol de bonne éducation qui implora ses juges de lui acccorder la mort dans les termes les plus émouvants. Il leur tint un discours poignant, s'adressant à eux comme à des *gentlemen*, des hommes d'honneur ; il leur montra qu'être dépossédé de sa vie n'était rien en comparaison de la tache à jamais indélébile que serait ce châtiment à la mesure du forçat le plus infâme – auquel ils l'avaient condamné. Devant l'indifférence qui accueillit ses adjurations, il leur prêta solennellement le serment d'abattre tout Américain qu'il viendrait à rencontrer seul et, comme c'est un homme au courage intrépide que désespère la conscience ardente de son déshonneur, qui ne cessera qu'avec sa vie même, il faut s'attendre à ce qu'il tienne parole.

Bien qu'à mon très humble avis, et à celui d'autres personnes plus compétentes que moi pour se prononcer dans ce domaine, ces condamnations fussent inutilement sévères, la fureur et l'excitation de la foule étaient telles que le Vigilance Committee ne pouvait faire moins. L'ensemble de la populace réclamait avec acharnement la mort des prisonniers, et il était manifeste que beaucoup de membres du Comité se rangeaient à cet avis. Je n'oublierai jamais combien je fus frappée d'horreur (aussi emphatique que cela sonne, maintenant) en entendant dire à quelqu'un, qui n'est rien de moins que le candidat whig à l'Assemblée nationale, que « les condamnés feraient mieux de chercher leur salut dans la fuite, car le Vengeur du Sang était sur leurs traces ! ». Je suis heureuse de dire que le « Vengeur du Sang », représenté en l'occurrence par une demi-douzaine de vauriens qui passent leur temps à jouer, a soit changé d'avis, soit perdu la trace de ses proies, car les victimes présumées ont pu dormir jusqu'au matin à trois kilomètres de là, sur la colline, sans être inquiétées.

Les faits suivants, élucidés au cours du procès, ont jeté toute la lumière sur cette triste affaire : sept mineurs de la Vieille Espagne, rendus furieux par le châtiment cruel infligé à leurs compatriotes le « Quatre » [4 juillet : *Independence Day*, fête nationale américaine (NdT)] et par le vil cri de « A bas les Espagnols », s'étaient unis dans le dessein de se venger sur sept Américains qu'ils pensaient être les initiateurs de ces affronts. Tous bien armés, ils vinrent du Confluent, où ils demeuraient à l'époque, dans l'intention de défier chacun l'un des Américains et, en combat loyal, de forcer leurs impudents agresseurs à répondre de l'arrogance dont ils avaient fait montre plus d'une fois envers la race espagnole. La première chose qu'ils firent en arrivant à Indian Bar fut d'aller dîner au Humboldt, où ils burent une extraordinaire quantité de champagne et de bordeaux. Après quoi ils se rendirent au domicile de l'Anglais dont la brutale négligence avait provoqué l'accident qui blessa Pizarro et Oxley, et là, l'un d'entre eux entama une conversation enjouée avec une compatriote de l'Anglais. Celui-ci devint aussitôt furieux et frappa violemment l'Espagnol puis le jeta hors de la baraque. Une bagarre animée s'engagea alors, mais, grâce aux efforts d'un *gentleman* du Chili très apprécié par les deux camps, se termina sans effusion de sang. Cet homme ne savait rien des duels projetés par les Espagnols, sans quoi il aurait peut-être pu, par ses sages avis, empêcher ce qui se passa ensuite. Mais loin de se douter de tout cela, il prit la route de Rich Bar. Peu après son départ, Tom Somers, dont tout le monde dit qu'il est dangereux en état d'ivresse, assena à Domingo (l'un des sept Espagnols) – sans provocation apparente – un coup terrible qui l'envoya presque à terre. Ce dernier, homme « aux sombres antécédents » et connu pour sa témérité, hagard de fureur, fou de vengeance et de vin, sortit immédiatement son couteau et porta à son offenseur une blessure fatale. [...]

Le mardi qui suivit le sabbat funeste, un homme apporta la nouvelle du meurtre d'un certain M. Bacon, bien connu sur le fleuve, qui gérait un ranch à environ 20 kilomètres de Rich Bar. Il a été tué pour son argent par son serviteur, un Noir qui était notre propre cuisinier il n'y a pas trois mois. C'est bien la dernière personne qu'on aurait pu soupçonner capable d'un tel acte.

Une équipe d'hommes désignés par le Vigilance Committee quitta immédiatement le placer pour se mettre à sa recherche. Le malheureux fut appréhendé à Sacramento et une partie de l'or volé fut trouvée sur lui. Le dimanche suivant il fut amené, enchaîné, à Rich Bar. Après un procès instruit par les mineurs, il fut condamné à être pendu à 4 heures de l'après-midi. Tous les efforts entrepris pour le faire avouer se révélèrent vains. Il dit, et c'était tout à fait exact, que coupable ou innocent il allait être pendu ; et il « mourut sans protester », avec une calme indifférence et, comme disent les romanciers, « digne d'une meilleure cause ». Le crime et la mort atroces de Josh, qui, excellent cuisinier, très ordonné et respectueux, était un serviteur très apprécié chez nous, ont encore, comme tu peux facilement l'imaginer, ajouté à l'affliction qui m'étreint devant toutes ces abominations.

Le samedi soir vers 8 heures, tandis que nous étions tranquillement en train de bavarder avec les deux dames de la colline – qui, au passage, agrémentent bien, de l'avis unanime, notre société jusqu'ici uniquement masculine –, nous sursautâmes soudain en entendant de violentes clameurs et en voyant trois cents ou quatre cents hommes courir à perdre haleine juste devant la porte de la cabane qui était restée ouverte. Naturellement, nous autres femmes, aux nerfs déjà ébranlés par les événements de la semaine passée, fûmes vivement alarmées.

On nous informa bientôt que Henry Cook s'était, dans un accès de *delirium tremens*, tranché la gorge d'une oreille à l'autre. Le pauvre malheureux était seul lorsqu'il commit cet acte désespéré et, dans sa folie, jetant par terre le rasoir ensanglanté, il entreprit l'ascension de la colline. On l'a retrouvé sans connaissance et ramené au restaurant Humboldt, où il faillit provoquer la pendaison du pauvre cuisinier Paganini Ned car, dès qu'il recouvra ses esprits, il l'accusa d'avoir essayé de l'assassiner. La populace voulait pendre le pauvre hère sans juge et sans jurés et il fallut les efforts les plus énergiques de ses amis

MINEN IMPLEMENTZE
FUR SAIL HEAR.

pour sauver la vie de cet illustre personnage. Pauvre Ned ! Ses boucles ont mis quarante-huit heures à retrouver leur gracieux mouvement naturel ! [...]

Sa majesté la populace, avec cette belle logique qui distingue généralement ses augustes membres, s'obstinait à vouloir abattre le pauvre Henry car, disait-elle, et son raisonnement est remarquablement limpide et probant, « un homme endurci au point de lever la main contre lui-même n'hésitera jamais à assassiner son prochain ». Ils ont presque molesté F. parce qu'il pansait les blessures d'Henry, et qu'il disait que celui-ci survivrait peut-être. A la fin, cependant, ils ont transigé, décidant que si Henry se remettait, il devrait quitter le placer aussitôt. Une telle éventualité n'est guère probable, car ce serait presque un miracle qu'il survive. [...]

L'état de la société ici n'a jamais été si mauvais que depuis la nomination d'un Vigilance Committee. Les vauriens se sont constitués en bande sous le nom de « Mongols » et ils défilent dans les rues toute la nuit, hurlant, vociférant et pénétrant dans les maisons par effraction, tirant de leurs lits les mineurs épuisés et les jetant dans la rivière – bref, « ravageant le sommeil » de la plus impitoyable manière qui soit. Presque chaque nuit ils allument des feux de joie dangereusement près des galetas, mettant par là en péril la vie (ou les biens, devrais-je plutôt dire, car comme il est impossible de dormir, la vie est positivement sauve) de toute la communauté. Ils se retirent vers 5 h du matin, mais avant ce départ béni ils placardent des avis pour l'annoncer et aussi pour notifier qu'ils jetteront toute personne qui les dérangerait dans la rivière. [...] Lorsque le pauvre Pizarro agonisait et que l'un de ses amis leur a demandé doucement de rester tranquilles pendant une demi-heure afin de permettre à l'âme de la victime de passer en paix, ils n'ont fait que le conspuer, ricanant et hurlant plus fort que jamais, en présence du mourant quasiment, car le logement dans lequel il reposait, ne se composant que de branchages, ne pouvait l'isoler du bruit. Sans doute, si les Mongols avaient été à jeun, n'auraient-ils pas eu cette horrible cruauté de contraindre un homme mourant à mêler ses pensées à leurs imprécations et blasphèmes. Mais, hélas ! ils étaient ivres, et puisse Dieu leur pardonner, car ils ne savaient pas ce qu'ils faisaient. Les pauvres mineurs exténués, car même les gens bien ne peuvent dormir dans un tel pandémonium, grommellent et se plaignent, mais ils sont trop timorés pour leur opposer résistance – bien qu'en nombre ils surpassent de loin les vauriens. Ils disent tous : « C'est honteux ; il faudrait faire quelque chose ; il *faut* faire quelque chose », etc., mais en attendant les vauriens triomphent. Tu te demandes sans doute pourquoi le Vigilance Committee n'intervient pas ; eh bien, on dit ici que certains de ses membres sont précisément les meneurs des Mongols.

Dame Shirley, *The Shirley Letters*,
traduction, Marianne Bonneau

De l'aventure à l'écriture

Jack London rentre du Klondike en 1897 avec seulement 4 dollars et 50 cents en poche, mais avec dans la tête des dizaines d'histoires qui le rendront célèbre. « Radieuse Aurore », roman écrit en 1919, au temps des remises en question, revient sur la signification de cette épopée en mêlant habilement la fiction et les éléments historiques (très arrangés !). On retrouvera ici, au côté d'Elam Harmish, dit Radieuse Aurore (Burning Daylight), les figures de Carmack et de Ladue...

Un mois s'écoula et Bonanza restait calme. Quelques hommes avaient délimité des terrains ; mais, après l'avoir fait, presque tous s'en retournèrent à Forty Mile et à Circle City. Ceux que l'espoir soutenait encore construisaient des cabanes en bois contre les rigueurs du prochain hiver. Carmack et ses parents indiens s'occupaient à dériver une prise d'eau pour organiser une laverie aurifère.
La besogne avançait lentement, car ils devaient aller scier le bois dans la forêt avoisinante. Au-dessus de Bonanza, quatre hommes avaient suivi le fleuve. Dan Mc Gilvary, Dave Mc Kay, Dave Edwards et Harry Waugh.
Ils formaient une équipe tranquille, travaillant seule, sans rien dévoiler et se suffisant à elle-même. Daylight, qui avait exploré avec succès l'endroit découvert par Carmack et en avait tiré de l'or brut sous le gazon, puis avait remué la terre en maints endroits et la rivière dans toute sa longueur en pure perte, était curieux de savoir ce qu'il y avait sous les roches. Il avait remarqué les quatre hommes silencieux qui creusaient un puits près du courant et il avait entendu le crissement de leur scie comme s'ils construisaient des barrages. Il n'attendit pas une invitation, et il alla surveiller les débuts de leur laverie rudimentaire. Quand l'un d'eux eut jeté, pendant cinq heures durant, des pelletées de sable dans le caniveau, il lui vit extraire treize onces et demie d'or. C'était de l'or brut qui venait du lit de la rivière et variant comme grosseur d'une tête d'épingle jusqu'à une pépite de douze dollars. Ce jour-là, la neige tourbillonna pour la première fois, l'hiver de l'Arctique était proche.
Daylight ne vit pas cette fin d'été brève et froide, qui s'éteignait dans la triste clarté grise. Il vécut son rêve, et dans l'immense étendue il vit se dresser au

milieu des neiges la future métropole de l'or. L'or gisait dans le lit de la rivière, il le savait. La découverte de Carmack était confirmée. Daylight prit une concession minière à son nom, qui s'ajoutait aux trois concessions déjà acquises. Cela lui donnait une bande de terre, longue de deux mille pieds et s'étendant en largeur d'un affleurement à l'autre.

Le soir, il regagna son campement à l'embouchure du Klondike. Il y trouva Kama, l'Indien qu'il avait laissé à Dyea. Celui-ci, venu en canot, apportait le dernier courrier de l'année. Il possédait environ deux cents dollars de poudre d'or que Daylight lui emprunta. En échange, il lui délimita un *claim* qu'il devait faire inscrire à son nom quand il traverserait Forty Mile. Le matin suivant, Kama emporta les nombreuses lettres que Daylight adressait à ses vieux camarades du bas fleuve, les pressant de venir immédiatement pour se faire attribuer des lots de terrain. Ceux de Bonanza chargèrent également Kama de lettres dans le même sens.

« Ce sera certainement la plus belle bousculade qu'on ait jamais vue », pensa Daylight amusé, car il entrevoyait les foules de Forty Mile et de Circle City, affolées, se précipitant, s'entassant sur les bachots qui remonteraient à coups de perche les centaines de milles du Yukon, puisqu'il savait qu'on ne douterait pas de la nouvelle donnée sous sa garantie.

Avec l'arrivée des premiers pionniers, le champ aurifère de Bonanza s'éveilla et le conflit entre le mensonge et la vérité commença. Chacun mentait, renchérissant plus ou moins sur la vérité. Ceux qui n'avaient pas cru aux deux dollars et demi extraits par Carmack, ceux-là en tiraient vraiment deux dollars et demi, mais ils mentaient et parlaient d'une once. Bientôt après ce mensonge était justifié, car les cinq onces ou dix onces en devenaient douze quand on voulait les justifier pour un essai loyal. Tout continua de la sorte, la vérité persistant à surpasser la vantardise la plus effrénée.

Un jour, en décembre, Daylight remplit une écuelle de gravier, extrait du lit du fleuve, et la porta dans sa cabane. Le feu qui brûlait empêchait l'eau de geler dans une sorte de baquet en toile qui allait lui servir pour laver sa trouvaille. L'écuelle semblait ne tenir que de la terre et du gravier. Comme il la remuait par un mouvement giratoire, les parties légères de grossier magma se diluèrent, et il les peignait avec ses doigts juqu'à ce que rien ne remontât à la surface. Voulant examiner rapidement le fond, il vida l'eau d'un trait et tout le fond apparut comme tartiné de beurre. C'était de l'or, de la poudre d'or, de l'or brut, des pépites, des paillettes de toutes dimensions. Il était seul. Il posa l'écuelle et s'absorba dans ses pensées. Puis il termina le lavage et en pesa le résidu. A raison de seize dollars l'once, l'écuelle contenait plus de sept cents dollars. Il n'avait jamais tant espéré. Ses plus beaux rêves n'avaient pas dépassé vingt ou trente mille dollars par claim ; ici, chaque placer valait un demi-million, au moins, en admettant même une imprégnation sporadique du gisement.

Ce jour-là on ne le vit pas au travail dans son puits. Il n'y alla pas le lendemain ni les jours suivants. La tête bien emmitouflée, muni de ses mitaines, de son sac de couchage, portant sur le dos un léger équipement de voyage, il partit et pendant des jours il marcha, il marcha par les vallées longeant les rivières, inspectant tous les territoires voisins. A chaque rivière, il avait le droit de prendre une concession minière, mais il était prudent et ménageait ses chances. A Hunker seulement il en prit une. Il trouva la Bonanza déjà repérée de bout en bout, y compris les criques, les affluents, jusqu'aux ruisselets qui s'y jetaient. Il n'avait guère confiance dans ces petits cours d'eau sur lesquels des centaines d'hommes qui avaient échoué à Bonanza s'étaient rabattus. La plus connue de ces rivières était l'Adams et la moins appréciée était l'Eldorado, qui se jette dans la Bonanza juste au-dessus de la concession de Carmack. Même Daylight n'aimait pas l'Eldorado ; néanmoins, fidèle à son plan, il échangea la moitié d'un sac de farine contre une moitié de concession. Un mois après, il paya huit cents dollars une concession voisine. Trois mois plus tard, élargissant son lot, il paya quarante mille dollars une troisième concession ; et, bien que ce ne fût jamais révélé, il dut payer peu après cent cinquante mille dollars pour une quatrième concession sur une rivière qui était entre toutes la moins appréciée.

Depuis le jour où il avait lavé d'un coup sept cents dollars et réfléchi longuement, Daylight ne toucha plus ni à une pioche ni à une pelle. Le soir de ce merveilleux lavage, il avait dit à Joe Ladue :

– Joe, je ne veux plus m'éreinter à la besogne. Maintenant, je ferai travailler mon cerveau, et je vais exploiter l'or. Car on en fait pousser si on sait en garder assez pour la semence. Quand j'ai tiré les sept cents dollars du fond de l'écuelle, j'ai senti que cette fois je possédais un vrai grenier.

– Où va-tu la planter, ta graine ? lui avait demandé Ladue.

Et Daylight, montrant de la main le pays entier et les rivières qui couraient par-delà les monts :

– Elle sera là, et vous verrez fumer les toits. Il y a des millions en réserve ici pour celui qui sait les voir. Je m'en suis bien douté ce fameux jour où j'ai recueilli les sept cents dollars dans une seule écuelle, et tandis que tout cet or s'agglutinait sous mes yeux émerveillés, il m'a semblé qu'il me criait : « Te voilà enfin, Burning Daylight, pour nous sortir des entrailles de la terre ; le grand jour de ta gloire est arrivé. »

Burning Daylight, le héros de l'ancien Yukon, avant la découverte de Carmack, devint maintenant le grand homme du nouvel Eldorado. L'histoire de la trouvaille et la façon dont il avait opéré se répandirent dans tout le pays, car s'il avait le mérite d'avoir vû juste, il n'avait pas laissé passer la bonne aubaine et il possédait plus de terrains aurifères que n'importe quel autre

pionnier. La jalousie aidant, on lui prédisait une faillite prochaine et la volatilisation inévitable de chaque once qu'il avait gagnée.

« Il spécule trop, disaient-ils aigrement ; il croit que le pays est truffé d'or et ce n'est pas le cas dans les mines alluvionnaires. » Ses propriétés étaient estimées à des millions, mais tout de même certains avaient la méchanceté d'espérer qu'un jour le fossé se rencontrerait au bout de la route triomphale. Ils oubliaient que derrière cet intuitif prodigue se cachait le froid raisonneur et le plus habile calculateur.

– Il y a trop d'or ici, à Bonanza, pour que ce soit une simple coïncidence, disait-il ; le grand filon nourricier doit être quelque part, il doit exister d'autres criques tout aussi riches que la nôtre. Surveillez la Rivière Indienne, vous autres. Les rivières qui arrosent l'autre versant du Klondike doivent bien rouler autant d'or que celles qui baignent ce versant-ci. [...]

Dawson prit une extension rapide pendant l'hiver de 1896. L'argent affluait à Daylight, provenant de la vente des terrains lotis de sa ville. Il le plaça dans des affaires à gros intérêts. Il jouait au jeu dangereux de paroli, et rien ne pouvait l'être plus que de tout risquer dans un pareil endroit. Mais il jouait les yeux grands ouverts.

– Attendez, vous autres, que les nouvelles de la trouvaille gagnent le dehors, disait-il aux anciens dans le « Moosehorn Saloon ». On ne les connaîtra qu'au printemps prochain. Alors il y aura trois périodes. L'été, ils viendront voir ; à l'automne, ils s'installeront ; et l'an prochain, au printemps, ils seront cinquante mille. Vous ne reconnaîtrez plus le pays.

Les deux premières invasions commenceront l'été et l'automne de 1897. Qu'allez-vous faire, vous autres, pour en profiter ?

– Et toi, que vas-tu faire ? lui demanda un ami.

– Rien de nouveau, car j'ai déjà pris mes mesures. J'ai douze équipes qui chargent du bois de construction au Yukon supérieur ; après la débâcle, vous les verrez descendre sur leurs radeaux. On bâtira des cabanes qui vaudront cher l'automne prochain. Le bois de construction montera à des prix fous ! J'ai deux scieries qui arrivent par les passes ; elles seront là dès que les lacs seront dégelés ; et si vous voulez dès à présent spéculer sur les planches, vous autres, je vous en cède tout de suite, par contrat, trois cents dollars le mille.

L'hiver, certains terrains d'angle furent vendus entre dix mille et trente mille dollars. De tous côtés, Daylight fit demander aux nouveaux colons d'arriver sur des radeaux de bois. Pendant l'été de 1897, les scieries travaillèrent nuit et jour en trois endroits pour débiter le bois des cabanes ; malgré ce travail intensif, elles restèrent insuffisantes. Terrain compris, ces cabanes se vendirent mille dollars et au-dessus. Des maisons à deux étages situées dans le quartier des affaires lui apportèrent chacune de quarante à cinquante mille dollars. Ce nouvel afflux de capital était immédiatement placé dans d'autres entreprises. Daylight maniait et remaniait ses capitaux, et tout ce qu'il touchait semblait se transformer en or.

De temps à autre, il godaillait comme autrefois, une nuit durant, nuit de tumulte infernal. Il le faisait pour plusieurs raisons. D'abord parce qu'il ne pouvait pas abandonner cet usage. Puis, sa fortune le lui permettait. Mais

il n'y goûtait plus le même plaisir ; la soif du pouvoir l'absorbait entièrement ; c'était sa passion. Devenu de beaucoup le plus riche prospecteur d'or de l'Alaska, il voulait s'enrichir encore. Il jouait gros jeu et préférait ce jeu à tous les autres. Dans un sens, la partie qu'il jouait était créatrice. Il éprouvait moins de joie à contempler le carreau de sa mine de l'Eldorado qu'à surveiller ses deux scieries monstrueuses et les larges radeaux qui se balançaient, ancrés aux rives, au pied de la Montagne des Elans. Après tout, l'or, même dans les balances, n'était que l'idée abstraite. Il représentait des choses et le pouvoir de les faire. Mais les scieries étaient les choses elles-mêmes, concrètes, tangibles ; elles étaient les moyens d'augmenter sa fortune. C'était la réalisation laborieuse de ses rêves.

Avec les immigrants de l'été arrivèrent les correspondants des grands journaux et des revues ; l'un d'eux écrivit tout au long l'histoire de Daylight qui fut présenté au peuple américain comme l'incarnation même de l'Alaska.

Quelques mois après, la guerre d'Espagne occupant l'attention du public, il fut vite oublié au-dehors, mais il n'en resta pas moins au Klondike une figure caractéristique.

Quand il passait dans les rues de Dawson, toutes les têtes se tournaient vers lui, et dans les *saloons* les « Chechaquos » l'écoutaient avec une crainte respectueuse et ne le quittaient pas des yeux. Il n'était pas seulement l'homme le plus riche du pays, il était Burning Daylight, le pionnier, celui qui, aux temps reculés de cette terre nouvelle, avait traversé le Chilcoot et descendu le Yukon à la dérive pour rencontrer Al Mayo et Jac Mc Question, deux géants, ses aînés. Il était le héros de mille aventures fabuleuses, il avait traversé l'immensité sauvage pour secourir les baleiniers bloqués dans les glaces de la mer Arctique, il avait porté et rapporté le courrier de Circle City aux Eaux-Salées en soixante jours, il avait sauvé toute la tribu de Tanana, décimée par l'hiver de 91, – bref, plus profondément que tous les autres ensemble, il avait frappé l'imagination des Chechaquos.

Il étonnait par sa spontanéité intelligente. Tout ce qu'il faisait, même involontairement, était admiré sans réserves. On ne cessait de conter ses derniers exploits, soit qu'il gagnât la course épuisante de la Danish Creek, soit qu'il battît avec une effrayante hardiesse le record à Sulphur Creek, soit qu'étant obligé de remplacer au dernier moment un sourdough absent, il remportât le prix de la régate à l'aviron au Queen's Birthday. Un soir, au Moosehorn, il proposa à Jack Kearns la revanche longtemps attendue pour la partie de poker d'autrefois. On devait jouer jusqu'à huit heures du matin et sans aucun maximum. Il termina la partie en gagnant deux cent trente mille dollars à Jack Kearns devenu multi millionnaire, et qui pouvait supporter cette perte. Mais l'assistance frissonna aux chiffres des enjeux et la douzaine de journalistes présents envoyèrent ce jour-là des articles sensationnels aux quatre coins du continent américain. [...]

Six mille pionniers passèrent l'hiver de 1897 à Dawson, à travailler les alluvions aurifères, tandis que par-delà les passes, il s'en massait plus de cent mille qui devaient arriver au printemps. S'attardant un soir sur la route qui va de French Hill à Skookum Hill, Daylight entrevit une fois de plus l'avenir. A ses pieds, se déroulait la plus riche contrée de l'Eldorado ; de chaque côté de Bonanza, la vue s'étendait au loin. C'était un vaste pays dévasté. Les collines, entièrement déboisées, montraient sur leurs flancs nus de larges blessures que le manteau de neige ne pouvait pas masquer. En bas, dans toutes les directions, surgissaient des cabanes dont on ne voyait pas les habitants. Une fumée épaisse couvrait la vallée, donnant à ce jour gris l'aspect d'un morne crépuscule. Dans la neige, la fumée jaillissait par mille trous, et des hommes, profondément enfouis sous les roches, dans la boue gelée et dans le gravier, rampaient, grattaient, creusaient, allumant sans cesse de nouveaux feux pour briser l'enveloppe de la glace. Çà et là, de nouveaux puits lançaient une fumée rouge. Des silhouettes humaines émergeaient hors des trous ou disparaissaient dedans, puis juchées sur des plates-formes en bois, hissaient à la surface le gravier fondu qui regelait immédiatement. Pieux d'écluses, parties de barrages, roues hydrauliques, tous les déchets d'une folle armée de chercheurs d'or gisaient pêle-mêle.

– Quel sabotage ! fit Daylight à haute voix, que de force perdue !

Il regagna les collines dénudées et comprit l'énorme gaspillage de bois, et le peu de rendement d'un travail intensif à cause du désordre. Chacun travaillait pour soi, d'où un formidable chaos. Dans ces mines très favorisées, il en coûtait cependant un dollar pour en extraire deux, et l'insouciance et la fièvre étaient cause qu'il s'en perdait un autre dans les résidus. Plus tard, presque toutes ces concessions seraient vendues comme épuisées et sans valeur, pourtant les sommes d'or que l'on en tirerait égaleraient celles que l'on en avait sorties. « Une organisation judicieuse est indispensable », pensa-t-il, et, dans sa vive imagination, il fit un plan de l'Eldorado, de la source à l'embouchure, d'une montagne à l'autre, soumis à une direction centrale et capable. La vapeur, qu'on devait prochainement utiliser pour dégeler, ne serait qu'un pis-aller. Il fallait capter les torrents, les eaux de la vallée et draguer les rivières, comme l'on faisait en Californie.

Il y avait là tous les éléments d'un autre grand coup. Il comprit alors le système des Guggenhammers et des banques anglaises qui déléguaient des experts largement rétribués pour négocier l'achat de concessions abandonnées ou considérées comme épuisées. Les experts laissaient les petits propriétaires saboter l'or à volonté, sachant qu'après eux ils trouveraient des millions à bon compte.

En contemplant ce gouffre fumant, témoin de ce rude effort, Daylight ébaucha le plan d'une nouvelle manière dans lequel les Guggenhammers et les autres compagnies auraient à compter avec lui. Mais une lassitude se mêla à la joie de cette conception. La longue nuit de l'Arctique le fatiguait ; il était curieux de connaître le monde, le monde immense dont il avait entendu parler, mais qu'il ignorait comme un enfant. On pouvait jouer aussi là-bas. La table était plus grande, et pourquoi lui, avec ses millions, ne pourrait-il pas aussi marquer sa place ? Ce soir-là, sur la colline, il résolut de terminer glorieusement sa partie au Klondike pour s'en aller ensuite aux Etats-Unis.

Cela fut long. Des hommes de confiance à lui surveillèrent les experts, et où ils achetaient, Daylight acheta aussi. Convoitaient-ils une rivière abandonnée par les exploitants, il leur barrait le chemin par les concessions

qu'il possédait là comme par hasard et qu'il répartissait adroitement pour contrecarrer leurs projets.

Batailles, rêves, compromis, victoires, défaites se succédèrent. En 1898, soixante mille homme étaient au Klondike, et leurs affaires, leur fortune subirent le contrecoup des batailles livrées par Daylight. Le goût d'un jeu plus vaste l'alléchait de plus en plus. Ici, il se sentait serré de près par les Guggenhammers, mais il gagnait, il gagnait rageusement. Le plus dur combat fut livré pour les concessions de l'Ophir, dont la teneur, quoique très basse, était appréciée à cause de l'étendue du domaine. Les droits de propriétés d'un bloc de sept claims situés au centre lui appartenaient. Les experts, qui avaient essayé de lui racheter cette part, alléguèrent que cette exploitation serait trop lourde pour lui, mais quand ils voulurent l'absorber, ce fut au contraire Daylight qui parvint à racheter leurs intérêts dans la région.

C'était son plan et il le fit exécuter par des ingénieurs américains. Sur le versant de Rinkabilly, à quatre-vingts milles de là, il construisit un réservoir et un énorme tuyau de bois, long de quatre-vingts milles, amena l'eau en traversant le pays jusqu'à l'Ophir. Estimés trois millions, le réservoir et la conduite en coûtèrent presque quatre. Il ne s'arrêta point là. Des appareils électriques furent installés pour distribuer la force motrice et la lumière. Les autres Sourdoughs qui, dans cette affaire, s'étaient enrichis au-delà de leurs désirs, secouaient tristement la tête en prédisant sa ruine, et se refusaient à participer à une entreprise aussi extravagante. Mais Daylight n'en fut pas ému et, pour la financer, il vendit le reste de ses concessions urbaines. Il les vendit au bon moment, au plus fort du boom immobilier de l'époque.

Puis, il vendit ses deux scieries. De même, il se débarrassa des propriétés dispersées autour de différentes rivières. Et, sans rien demander à personne, il termina sa conduite d'eau, construisit des dragues, fit venir des machines, et inaugura brillamment l'exploitation d'Ophir.

Lui qui, cinq ans auparavant, avait traversé le pays depuis la Rivière Indienne et parcouru l'immensité silencieuse avec ses chiens attelés à la mode indienne, lui-même vivant comme les indigènes et se nourrissant d'élans, écoutait aujourd'hui le sifflet strident qui appelait au travail des centaines d'ouvriers, et il les regardait peiner sous la lumière blanche des lampes électriques. Ayant réalisé sa tâche, il s'apprêta à partir.

Quand cette nouvelle fut connue, les Guggenhammers, les banques anglaises et une récente compagnie française se

disputèrent à qui achèterait l'Ophir et son matériel. Les Guggenhammers l'obtinrent, et ce qu'ils payèrent rapporta un million net à Daylight. On disait partout que sa fortune s'élevait à vingt ou trente millions ; mais lui seul en connaissait le chiffre exact ; après avoir vendu sa dernière concession minière et compté tous ses bénéfices, il avait gagné net un peu plus de onze millions de dollars. Son départ, comme ses autres exploits, fut enregistré dans l'histoire du Yukon. Le pays entier fut son hôte, et Dawson le siège de la fête. Cette nuit-là, on n'accepta la poudre d'or de personne, la sienne exceptée. Les boissons étaient gratuites et les bars restèrent ouverts ; des extras aidèrent les garçons affolés et l'eau-de-vie coula à flots. Celui qui s'obstinait à payer se heurtait à des refus obstinés et les vieux Chechaquos avaient soin de défendre le nom de Daylight contre une pareille insulte. Et pendant cette nuit, qu'il appelait la sienne, Burning Daylight se prodigua, exubérant, débordant de bonté, de camaraderie, hurlant comme un loup, écrasant, dans la lutte, la main des hommes, accomplissant des tours de force. Sa figure bronzée était rougie d'alcool, ses yeux noirs étincelaient ; il était chaussé de mocassins, vêtu d'une blouse et d'une couverture de laine ; les couvre-oreilles pendaient de son bonnet et ses mitaines se balançaient au bout de la corde passée sur ses épaules.

Jamais Dawson n'avait connu pareille orgie. Daylight voulut rendre cette nuit mémorable, et ce fut un succès. Une grande partie de la ville se grisa. Le temps était froid, et bien que le Yukon n'eût pas encore gelé, le thermomètre marquait 25 °C au-dessous et devait descendre encore. C'est pourquoi une équipe de sauveteurs parcourut les rues en relevant ceux que l'ivresse faisait tomber, car une heure de sommeil dans la neige leur aurait été fatale. Daylight, dont le caprice les avait enivrés par centaines et par milliers, avait organisé ce sauvetage. Il avait voulu que Dawson se réjouisse bruyamment sans que cette orgie soit marquée par aucun accident. Et comme à ses nuits de jadis, les querelles et les batailles étaient défendues, car les coupables auraient eu affaire à lui ; aussi personne ne s'y risqua. Ses nombreux administrateurs surveillaient les trouble-fête, ils les roulaient dans la neige et les poussaient au lit. Quand, dans le monde, disparaît un grand capitaine de l'industrie, le rouage qu'il commandait autrefois s'arrête un instant. Mais Klondike fêta si joyeusement le départ de son capitaine que pendant vingt-quatre heures pas une roue ne tourna. Même le grand Ophir, avec ses milliers d'ouvriers salariés, ferma. Au lendemain d'une telle nuit, personne n'aurait eu le cœur à l'ouvrage.

Dès l'aube suivante, Dawson lui dit au revoir. Sur les quais, tous étaient alignés, mitaines aux mains, couvre-oreilles baissés et serrés. Il y avait 30 °C au-dessous, la glace devenait plus épaisse et le Yukon charriait des blocs épars. Du pont du *Seattle*, Daylight faisait des gestes d'adieu. Comme on larguait les amarres et que le paquebot se balançait au milieu du courant, ceux qui entouraient Daylight remarquèrent son regard humide et troublé. En somme, c'était pour lui l'abandon de sa terre natale, cette âpre région de l'Arctique qui était vraiment la seule qu'il ait jamais connue. Il enleva son chapeau et l'agitant :

– Au revoir, vous tous ! cria-t-il, au revoir, au revoir !

Jack London,
Radieuse Aurore
traduction de Aline Bossuet

L'or le plus meurtrier du monde

L'or, c'est un peu le synonyme de l'Afrique du Sud, l'autre label du pays avec l'apartheid ; un titre envié si l'on songe que 43 % du précieux métal jaune recensé dans le monde a été produit dans cet eldorado au cours des quatre-vingt-quinze dernières années.

Le bassin aurifère forme un arc de 480 kilomètres de long, à cheval sur la frontière entre l'État libre d'Orange et la province du Transvaal. Une ceinture dorée appelée le Reef, qui court sous la rivière, le Vaal. Un arc qui a justement la forme d'un fer à cheval, porte-bonheur qui a fait fleurir sur ses courbes convoitées sept principales zones d'exploitation. Cinquante-cinq mines que se partagent six grands groupes industriels dont l'activité est de remonter à la surface la roche contenant les fines particules d'or le plus souvent invisibles à l'œil nu. C'est un travail de Romains... ou plutôt de Noirs sud-africains, que l'extraction de ce dépôt enserré dans des strates de plus en plus profondes et qu'il faut délivrer au prix d'efforts gigantesques.

Casqués, bottés, gantés, la descente commence

Le monte-charge glisse vers les entrailles de la terre en quelques minutes. Pas même le temps d'un pincement de cœur, mais le silence s'impose de lui-même, comme si l'écoute du monde intérieur avait déjà commencé. Un voyage dans les profondeurs, un va-et-vient permanent entre le dehors et le dedans par l'intermédiaire de l'artère que constitue le monte-charge. Un poumon perpétuel engloutissant une force de travail et « recrachant » des hommes épuisés et le prix de leur fatigue : le minerai.

L'or est loin, très loin, à des kilomètres. Descendu de la cage, il faut ensuite prendre un mini-train à travers un labyrinthe de galeries, des dédales de boyaux qui se rétrécissent au fur et à mesure que l'on approche du lieu de taille. La fin du voyage vers les ténèbres s'effectue toujours à pied. On descend encore et toujours. La chaleur

augmente. La lumière artificielle devient plus chiche. Les mines d'or sud-africaines sont les plus profondes au monde. Une moyenne qui varie entre – 2 000 et – 3 000 mètres. Celle de Western Deep Level devrait bientôt atteindre la cote – 4 265 mètres.

A ce niveau la pression est énorme. A moins de 3 600 mètres, c'est comme si l'on avait 10 000 mètres d'eau au-dessus de la tête. La température peut atteindre 60 degrés. Elle est réduite au moyen d'air pompé à la surface puis ventilé. On a même recours à de la glace.

Un travail éprouvant, difficile et dangereux. Chaque année, près de 600 mineurs sont tués, le plus souvent par des chutes de rochers. Depuis 1911, environ 44 000 hommes ont péri dans les mines d'or sud-africaines, dont 3 000 Blancs et 41 000 non-Blancs. Les mines les plus meurtrières au monde, en raison de la profondeur, mais aussi parce que la mécanisation est impossible à cause de l'étroitesse de la veine. [...]

Ce n'est qu'accroupi ou assis que l'on peut extraire des tréfonds le quartz renfermant l'or. Car au fur et à mesure de la progression, le tunnel est devenu boyau puis faille. Les genoux recouverts d'une protection de caoutchouc, le front ceint d'un morceau de toile qui dépasse du casque, les mineurs sont à l'œuvre par 34 degrés, dans la pétarade des marteaux-piqueurs. Ils percent et percent, toujours et encore, dans une portion de quartz délimitée à la peinture rouge sur un mur gris-noir qui fait à peine un mètre de hauteur.

Au milieu de cette face, champ de bataille contre le roc, un filet plus foncé de deux à trois centimètres de large qui court le long de la paroi : le Reef, la fameuse veine qui renferme en son sein les paillettes recherchées.

Dans ce cul-de-basse-fosse abyssal, les mineurs, pataugeant dans les flaques d'eau, ne communiquent entre eux qu'au moyen d'une sorte d'espéranto rudimentaire appelé le *fanakalo*. Une langue faite d'emprunts à six autres et qui permet à toutes les ethnies et à toutes les races de se comprendre. Quatre-vingts pour cent des 460 000 travailleurs noirs de l'or n'ont pas la nationalité sud-africaine. Ils viennent pour la plupart des *homelands* ou des États voisins. Ils signent un contrat d'un an renouvelable suivant les besoins et sont plongés dans un univers dont ils n'avaient pas la moindre idée. Logés dans des *hostels*, ces baraquements pour célibataires, ils s'entassent dans des chambrées souvent sordides et misérables. Ils ne rentrent voir leur femme et leurs enfants qu'une fois par an.

Déplacés en fonction des impératifs de production, licenciés à la moindre incartade, les mineurs noirs commencent à s'organiser et à revendiquer grâce aux syndicats et notamment à la NUM (National Union of Mineworkers), qui a connu, depuis sa création en 1982, un essor fantastique. Les batailles menées contre la puissante Chambre des mines ne sont pas faciles pour ce syndicat jeune qui lutte pour améliorer les conditions de salaires et de sécurité et pour que soit aboli le *Job Reservation*, une loi de 1911 qui réserve treize catégories d'emplois qualifiés aux seuls Blancs. Les Noirs ne peuvent y prétendre même s'ils ont les aptitudes requises.

C'est pourtant grâce à la capacité et à la puissance de travail des mineurs noirs que l'or a assuré la fortune du pays

Ceux-ci n'ont d'ailleurs jamais vu, sinon en photo, à quoi pouvait ressembler un lingot. En 1984, ils ont extrait plus de cent milliards de tonnes de cailloux des entrailles de la terre, dont les sociétés minières ont récupéré en moyenne 8 à 10 grammes d'or par tonne. C'est peu apparemment, mais l'exploitation est toujours très rentable, même si les coûts de production ne cessent d'augmenter. Les profits réalisés en témoignent : 5,6 milliards de rands en 1984.

Bien que, selon les prévisions, la production sud-africaine doive diminuer en pourcentage par rapport à la production mondiale, Pretoria restera encore longtemps le numéro un. L'or a contribué pour une large part à faire de l'Afrique du Sud une puissance économique. Il représente 12,5 % du produit national brut et contribue pour 13 % au financement du budget. Ces deux chiffres illustrent parfaitement l'importance du métal jaune dans le pays de l'apartheid.

Michel Bole-Richard,
Autrement,
novembre 1985

L'aventure du Trust de l'or en Sibérie

En 1933, les autorités de Moscou décident de réorganiser l'industrie de l'or. Les anciens prospecteurs, qui avaient été mis hors la loi en tant qu'éléments « non socialisés », devaient être ramenés et encouragés, en même temps qu'un système de concessions était introduit dans le but d'ouvrir de nouveaux champs aurifères et d'augmenter la production de l'or le plus rapidement possible.

Les gisements aux alentours du lac Baïkal

J'avais visité Irkoutsk, pour la première fois, en automne 1930 et je fus frappé par les améliorations que la ville avait eues au cours de ces trois années. Les terrains aurifères autour du lac Baïkal sont devenus parmi les plus riches de l'Union soviétique et probablement du monde. L'un, en particulier, qui n'a été découvert qu'en 1928, fait partie du peloton de tête mondial. Mécanisé à cent pour cent, équipé de deux grandes installations à cyanure, il peut rivaliser avec n'importe lequel des Etats-Unis ou de l'Alaska. La force motrice est fournie par de grandes turbines à vapeur.

La région du lac Baïkal avait aussi été le centre minier de l'or sous le gouvernement tsariste. Le travail des mines était alors assuré par des forçats, y compris des exilés politiques. Mais la découverte de nouveaux gisements, pendant et depuis 1928, a rendu ce territoire beaucoup plus important qu'il ne l'était avant la révolution ; aussi les directeurs du Trust de l'or sont-ils particulièrement fiers, et à juste titre, de la petite cité moderne qu'ils ont élevée dans ce district.

Quand j'arrivai dans ce centre d'avenir, en 1933, la production était tombée au-dessous du niveau du programme, en particulier parce que l'exploitation ne s'était pas développée. Nous accélérâmes le travail de ce côté-là, avec la coopération cordiale de tous ceux que cela concernait, et, vers la fin de l'année, nous avions réussi à extorquer à la terre le montant requis.

[...] Pendant toute l'année 1933, on dressa des plans et on les appliqua aussitôt que possible pour remettre le prospectorat en train et pour régler les rapports des collaborateurs avec le Trust de l'or. Un programme détaillé, qui ne fut pas appliqué immédiatement dans son ensemble, mais développé graduellement, déclencha un mouvement qu'on peut vraiment appeler une ruée vers l'or. Les autorités prirent soin que ce mouvement ne leur glissât pas des mains, comme cela s'était produit en Californie et en Alaska ; elles le surveillèrent et le régularisèrent constamment.

Un nouveau département fut créé près le Trust de l'or pour cette surveillance et ce contrôle. Département du prospectorat, qui ne s'occupait pas seulement des prospecteurs, mais des concessions, remises aussi en honneur officiellement. On fit savoir que des hommes et des femmes de tous les groupes ethniques de l'Union soviétique pourraient être choisis pour se mettre à la recherche de l'or, que ce serait considéré comme une occupation des plus honorables et que les prospecteurs et preneurs à bail seraient richement récompensés pour leurs services envers l'Etat. [...]

Le vieil aiguillon qui pousse les gens à s'enrichir rapidement exerça son effet

Les vétérans parmi les prospecteurs retrouvèrent aisément leurs terrains de chasse et se firent de coquettes sommes d'argent. Les Chinois habitant la Sibérie et l'Extrême-Orient, qui, avant 1927, avaient combiné la prospection de l'or avec la contrebande et le commerce illégal, se précipitèrent sur la chance qui s'offrait de reprendre leurs anciennes occupations. Les Chinois n'ont jamais adopté volontiers les théories communistes, étant trop intéressés au gain. Ils devinrent bientôt les prospecteurs et les guides les plus habiles.

En un temps remarquablement court, le Trust de l'or disposait de plusieurs centaines de milliers d'hommes et de femmes travaillant sous le contrôle du Département des prospecteurs. Pour les régions connues, ces gens recevaient du Trust un crédit en vue de leur équipement et de leur travail, ainsi qu'une assistance technique. Entre-temps, on encourageait aussi des individus plus aventureux à se mettre en campagne dans des territoires plus éloignés que le Trust n'avait pas encore explorés. Ces derniers sujets devaient s'inscrire pour régulariser leur situation, mais ils étaient libres de prospecter, à leurs risques, en dehors des territoires relevés, d'emporter les vivres et les outils qui leur étaient nécessaires et ils pouvaient chercher de l'or partout où il leur semblait pouvoir en trouver. Le Trust les équipait aussi.

Le Département des prospecteurs lançait simultanément en campagne des inspecteurs pour surveiller constamment les explorations. On disposait de fonds pour relever les nouveaux champs aurifères ouverts par les prospecteurs. Si un territoire s'avérait intéressant, le Trust y organisait un bureau, y faisait construire quelques maisons, établir un magasin cédant ses produits contre de l'or seulement. [...]

D'après la façon dont le système fonctionnait, un prospecteur heureux pouvait devenir riche d'un jour à l'autre aussi facilement que dans tout autre pays. Les récompenses accordées aux prospecteurs soviétiques ne sont peut-être pas aussi fabuleuses qu'ailleurs, mais elles furent, dès le début, suffisamment tentatrices pour attirer des centaines et des milliers de personnes. [...]

Il n'est pas étonnant que la rumeur des chances de faire fortune sur les champs aurifères se soit rapidement répandue, que des centaines de ces coopératives se soient créées en peu de temps, et que des milliers de prospecteurs se soient enfoncés de plus en plus profondément dans les régions inhabitées.

Le Trust de l'or a organisé tout un système pour garder le contrôle des prospecteurs et des concessions

Ses inspecteurs et géologues sont constamment en campagne, se déplaçant d'un point à un autre, inspectant chaque terrain revendiqué pour observer les conditions de son exploitation. Le Trust éduque ses propres ingénieurs, que des groupes concessionnaires peuvent engager pour les conseiller quant à la manière la plus efficace d'opérer et quant aux mesures de protection à prendre conformément à la loi. Si les concessionnaires n'appliquent pas ces mesures, ils sont passibles de fortes amendes et il est meilleur marché de s'en garantir en louant les services d'un ingénieur. Ces ingénieurs sont des employés salariés et il est assez curieux qu'eux aussi soient payés en roubles d'or et non pas en monnaie courante.

S'il s'agit de la concession d'un placer, on en prélève le gravier et on le lave ; s'il s'agit d'un filon, on en porte le minerai dans les machines d'usine confiées par le Trust et les concessionnaires fournissent la main-d'œuvre nécessaire au broyage du minerai. Quand les concessionnaires ont recueilli l'or, ils le portent à un des magasins à or, dont ils reçoivent les titres ou lettres de crédit correspondants.

Cette ruée vers l'or chez les Soviets n'est pas comparable à d'autres mouvements de cet ordre parce qu'il a été, de tout temps, sous le strict contrôle des autorités. Aux époques précédentes, alors que le gouvernement soviétique ne prêtait pas attention au métal jaune, il se produisait, d'après ce que j'ai entendu dire, un grand nombre de crimes et de violences sur les champs aurifères. Il y avait partout des contrebandiers, qui ne craignaient pas de faire le coup de feu, et importaient, en ces temps de grande disette, de l'opium, ainsi que des vivres et des vêtements de Chine et de Mandchourie. Et il y avait de simples pillards, à l'affût des contrebandiers et des prospecteurs, qui les assassinaient pour voler leur or ou leurs produits de contrebande.

Je me souviens d'un incident que j'ai vécu personnellement en 1928. Je venais d'atteindre une petite cité minière quand survint un groupe de trois prospecteurs, munis d'une bonne quantité d'or ; à ce moment, ils n'étaient pas encore hors la loi. Ils remirent leur or à un magasin du gouvernement et reçurent en retour une forte somme.

Là-dessus, ils se dirigèrent directement vers une gargote et y achetèrent tout le stock de liqueur disponible. Ils chargèrent les bouteilles de vodka sur un véhicule et suivirent l'unique rue du village, déposant solennellement les bouteilles, à un pied de distance l'une de l'autre, le long des deux côtés de la rue, tandis que les habitants les regardaient faire sans comprendre. Finalement, quand ils eurent déposé toutes les bouteilles, ils crièrent : « Sortez, venez tous ! Venez boire avec nous autant et aussi longtemps que vous le voudrez ! » Au bout de peu de temps, tout le village était soûl !

Le Trust de l'or a découragé l'explosion de pareils incidents. L'élément « chacal », qui était habituellement attiré, dans le passé, par les champs aurifères, ne peut plus y faire son apparition. Le Trust de l'or vend la liqueur de ses magasins et restaurants, mais les tripoteurs ne sont pas tolérés, et la plupart des femmes travaillent avec les hommes à fouiller le sol ou à laver l'or. Les prospecteurs, comme les autres citoyens soviétiques, savent se tenir convenablement, car ils pourraient avoir des désagréments à se conduire trop bruyamment. Des contraventions répétées provoquent l'expulsion des champs aurifères et l'inscription sur des listes noires qui empêchent les contrevenants de trouver du travail en qualité de prospecteurs ou de concessionnaires. [...]

Le système soviétique de ruée vers l'or a été instauré à un moment où les rapports entre la Russie et le Japon étaient particulièrement tendus et alors qu'il était important pour la Russie de peupler les espaces vides de l'Extrême-Orient aussi vite que possible avec une population qui fût satisfaite d'y vivre. Cette même année 1933, les autorités cédèrent des concessions à de petits fermiers dans les régions extrêmes-orientales, y compris la Sibérie, ce qui les mit à peu près sur le même pied que les koulaks punis si sévèrement quelques années auparavant. Comme il fallait choisir entre l'utilité et les principes socialistes, les autorités communistes se décidèrent pour les mesures qui paraissent pratiques. La menace que représentait le Japon les rendit plus disposées à adopter un compromis.

Et la ruée vers l'or s'est vérifiée être une réussite

La poussée vers l'est et vers le sud dans le Kazakstan s'est poursuivie sans interruption. Une armée d'hommes et de femmes intrépides s'est avancée toujours plus loin dans les espaces géologiquement inexplorés de la Sibérie orientale, des monts Altaï et de la province septentrionale de Iakoutsk. Les prospecteurs besognent au milieu de tempêtes de neige aveuglantes ou de chaleurs tropicales et pénètrent dans des districts qui n'ont peut-être jamais été visités par des Blancs. Ces prospecteurs sont des hommes et des femmes appartenant à tous les groupes ethniques soviétiques : Russes, Ukrainiens, Géorgiens, Mongols, Chinois, Coréens, Kazaks, Kirghizes, Arméniens, aborigènes de l'Asie arctique et de l'Asie centrale.

Qu'ils sachent ou ne sachent pas lire et écrire ; qu'ils soient ou non jamais sortis de leurs districts éloignés, ces hommes et ces femmes peuvent faire fortune en vingt-quatre heures. Leurs chances varient simplement selon le hasard, leurs forces vitales et leur courage.

John Littlepage,
A la découverte des mines d'or de Sibérie

L'or en France

Le sous-sol de la France contient de l'or en abondance. On dénombre des sites aurifères dans une soixantaine de départements, mais les coûts d'exploitation sont très élevés et la production reste modeste. Les rives et les lits des rivières sont les plus accessibles aux investigations des orpailleurs.

La France pays de l'or ?

La France exploite les deux seules mines d'or de l'Europe occidentale : la première se trouve à Salsigne (Aude) et a été découverte en 1908 ; elle produit chaque année plus d'une tonne et demie de métal... La seconde se cache au Bourneix, un lieu-dit sur la commune de Saint-Yriex-la-Perche (Haute-Vienne). Le Bureau des recherches géologiques et minières (B.R.G.M.) l'a découverte en 1978 ; cette mine est ouverte depuis 1980 et sa production annuelle est de l'ordre de 600 kg. Enfin, dans quelques mois, une petite dernière sera exploitée dans la Sarthe, la mine de Rouez, à quelques kilomètres du Mans. Ce filon, qui possède en réserve deux tonnes de métal jaune, a été localisé par le B.R.G.M. dans le cadre de l'inventaire minier de la France.

Une campagne de prospection de notre patrimoine métallifère a débuté en 1974. Elle a déjà permis de recenser des dizaines d'autres indices de filons aurifères. Le Limousin par exemple possède une tradition dans ce domaine. On a retrouvé des vestiges des mines exploitées par les Gallo-Romains sur plusieurs sites, dont le village de Laurieras, à quelques kilomètres de Limoges.

L'Ariège, la rivière bien nommée dont le nom dérive du latin *aurum*, or, cache encore dans son lit quelques pépites. L'inventaire a permis également de découvrir d'autres filons aurifères dans les Vosges et en Bretagne, dans les villages de La Porte-aux-Moines, Bodennec ou Kerhuo.
Il ne s'agit, bien sûr, que d'indices et quelques onces d'or ne font pas une mine.

En effet, pour qu'un gisement soit réellement exploitable, il est nécessaire qu'il contienne une réserve d'au minimum 2 000 kilos d'or dans un minerai ayant une teneur de 8 à 12 grammes de métal par tonne. Ces conditions se retrouvent pour l'instant uniquement dans les trois sites français de Salsigne, Bonneix et Rouez. Ce recensement n'est pas définitif. Les géologues achèveront leur inventaire du sous-sol français dans une dizaine d'années.

« A cette date, précise Maurice Allègre, directeur général du B.R.G.M., il faudra certainement le recommencer. Avant la fin du siècle des méthodes de prospection plus fines auront été mises au point. Elles permettront de chercher encore plus loin les ressources cachées de la France. »

On découvrira, donc, certainement dans les prochaines années d'autres sites aurifères.

Sans attendre les prospections effectuées par les professionnels, géochimistes, géophysiciens et autres géologues, des chercheurs d'or en herbe passent au crible le lit des rivières françaises à la recherche du précieux métal. Les Romains n'avaient-ils pas surnommé la Gaule « Gallica aurifera » ? La profession d'orpailleur était d'ailleurs très répandue en France jusqu'à la ruée vers l'or américain qui fit passer dans l'oubli le métal jaune français.

Les orpailleurs sont aujourd'hui de retour

Une dizaine d'entre eux vivent même de cette profession. [...] Etre orpailleur de métier reste toujours une aventure. Une aventure dont on connaît difficilement le rapport. Les orpailleurs sont des gens secrets. Au cours actuel du métal fin, les revenus d'un professionnel pourraient être selon les estimations de 800 F à 100 000 F par

mois ! Autant dire que toutes les suppositions sont possibles...

Dans ce milieu de l'or, il y a même des inventeurs. Tel cet ingénieur chimiste du B.R.G.M. à la retraite qui a mis au point un prototype qui récupérerait de 80 % à 90 % de métal jaune. Mais sa machine, faute de crédit, n'a pas été réalisée aujourd'hui.

A tout prendre, il est peut-être plus judicieux de se contenter d'être chercheur d'or amateur.

Ce passe-temps s'est développé rapidement ces dernières années. Des centaines d'amateurs hantent nos rivières pour le plaisir de découvrir quelques paillettes. Car des poussières d'or, on peut en trouver sur les rives de l'Allier, de l'Aude, du Doubs, de la Vienne, etc., pour peu que l'on possède un morceau de moquette qui a remplacé, dans l'histoire des chercheurs d'or, le tamis en grillage des orpailleurs américains et la peau de mouton de l'Antiquité. [...]

Selon certaines estimations, les quantités extraites par les orpailleurs amateurs se monteraient à une centaine de kilos par an.

Martine Castello,
le Figaro
25 septembre 1985

Le règne de l'or

L'or a bouleversé l'économie de ces cent cinquante dernières années. Sait-on que la masse d'or extraite au XIXe siècle (11 500 tonnes) équivaut à celle amassée jusque-là par l'humanité ? Non seulement des pays sont nés de cette aventure, mais le système monétaire s'est trouvé durablement transformé : le « Gold Standard » (l'étalon-or) devient progressivement la règle commune à la fin du XIXe siècle.

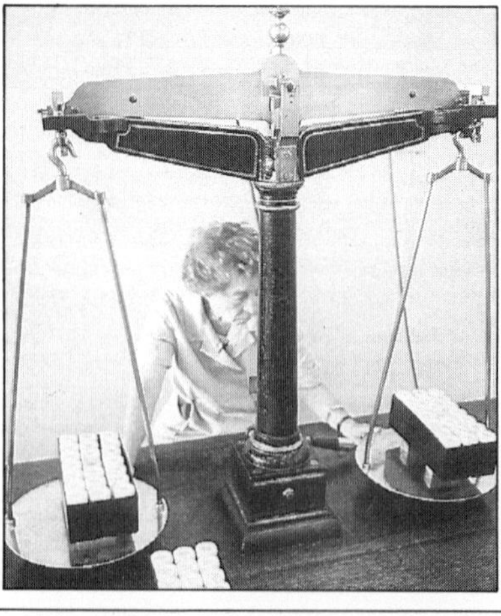

L'or du XIXe siècle était arraché du sol par des rêveurs, sans souci de calcul. Contrairement à ce que l'on imagine souvent, les sommes dépensées par les mineurs de Californie et du Klondike à la poursuite de leur rêve furent infiniment supérieures à la valeur de l'or extrait ! Le passage à l'âge industriel tend à faire de l'or un métal comme les autres, dont l'exploitation sera moins affaire de passion que de calcul du coût de revient.

Cette limitation de la production par les coûts et la guerre de 1914 portent les premiers coups au bel équilibre du système monétaire

Le *Gold Exchange Standard* de 1922 marque les débuts d'un glissement : les devises se substituent à l'or dans les échanges internationaux, tout en restant attachées à lui. Le krach de 1929, la dévaluation de la livre, qui fait monter tout à coup le prix de l'or (et baisser d'autant la valeur des réserves en devises de banques centrales), ne sont que des étapes de cette décomposition. En 1934, Roosevelt doit fixer à son tour une nouvelle parité pour le dollar : 35 dollars l'once, soit plus de 40 % d'augmentation !

1930-1940 : le nouveau boom de l'or

Période de crise et période faste pour l'or. Partout les mines, jusque-là fermées pour cause de non-rentabilité, sont remises en service. En Californie, des milliers de chômeurs se lancent à nouveau avec pioches et batées à l'assaut de la Sierra Nevada. La production mondiale annuelle passe de 600 tonnes en 1930 à 1 400 tonnes en 1940 ! Les Etats-Unis doublent leur production, rattrapés dans les années 40 par le Canada, puis par l'Afrique du

Sud... Jusqu'à ce que joue à nouveau la limitation par les coûts.

Les malheurs du roi dollar

La fin du rôle de l'or ? Les accords de Bretton-Woods, après la Seconde Guerre mondiale, semblent lui porter en tous les cas un coup sérieux. Le dollar, tout en restant seul convertible en or, devient la monnaie des échanges internationaux. Mais le déficit chronique de la balance des paiements américaine ne peut maintenir durablement ce système né tout autant de la pénurie d'or que d'un rapport de force politique : le 15 août 1971, le président Nixon doit se résoudre à suspendre la convertibilité du dollar.

Aussitôt, c'est la flambée : de 35 dollars l'once, l'or grimpe jusqu'à 850 dollars l'once en 1980, pour se stabiliser ces dernières années entre 350 et 450 dollars l'once.

Il n'en fallait pas plus pour que se déclenche, partout de par le monde, une nouvelle ruée vers l'or

L'Afrique du Sud plonge de plus en plus profondément dans les entrailles du Reef, cette veine qui court la Vaal-River sur 480 kilomètres de long, et découvre de nouveaux gisements dans le Far West Range et en Orange. Le Canada, dont la production décroissait depuis les années 40 (de 172 tonnes en 1941 à 36 tonnes en 1950), relance, avec des moyens techniques impressionnants, l'exploitation de la Faille Cadillac, qui traverse l'Atibibi jusqu'à l'Ontario, et surtout démarre celle des fabuleux gisements de Hemlo, découverts en 1981 dans l'Ontario, dont les réserves sont estimées à 20 millions d'onces ! L'Australie, après une chute sévère jusqu'en 1940 et une limitation volontaire par la suite de sa production, rouvre les mines de Kalgoorlie, dont elle attend 60 tonnes par an d'ici les années 90. Les mines abandonnées redémarrent en Alaska, dans l'Utah, le Nevada, le Dakota du Sud, la Californie. Les géologues découvrent de nouveaux gisements en Idaho (Dewey), au Nevada (Cortez Gold), en Arizona (Clementine). La légendaire Sixteen to One redémarre à Alleghany (Californie), la Homestake Mining Company découvre un gisement estimé à 3 millions d'onces dans la Napa Valley – la production en Californie ces cinq dernières années a été multipliée par dix ! De nouveaux pays entrent à leur tour dans le « club des gros » : la Nouvelle-Guinée (18 tonnes en 1984), les Philippines (34 tonnes), la Chine (50 tonnes, probablement), le Brésil, le Pérou, le Chili, la Colombie, le Zaïre, le Ghana, le Zimbabwe...

Ceux qui, dans les années 70, à la suite de l'économiste Keynes, prédisaient la fin du règne de l'or, cette « relique barbare », en sont donc pour leurs frais. Jamais autant de gens n'ont gratté le sol de la planète à la recherche du métal jaune ! D'autant que le progrès technique, paradoxalement, a redonné leur chance aux chercheurs indépendants. Dragues pour aspirer les sables des rivières, détecteurs de métaux, amalgameurs, *rock-crushers* capables de broyer le quartz, foreuses, donnent aujourd'hui à chaque mineur la « puissance de feu » de 30 mineurs du siècle dernier ! Pendant l'été 1986, un million de personnes, selon le *Wall Street Journal*, cherchaient de l'or dans les rivières de la Sierra Nevada. Plus qu'au temps de la ruée ! Le grand rêve de l'or n'est pas près de s'éteindre...

Michel Le Bris

Les caractéristiques de l'or : un métal inaltérable, malléable, résistant...

L'or, désigné en chimie par le symbole Au, est un métal lourd, de densité 19,5. C'est le 79e élément de la classification de Mendeleïev. Il est inaltérable, inoxydable. Sa masse atomique est de 196 967, son point de fusion de 1 064 °C, son point d'ébullition de 2 960 °C. Dans les conditions naturelles, il se combine uniquement au mercure. Dans des conditions particulières de température et de pression, il se combine à quelques rares éléments (brome, chlore, iode notamment).

C'est le plus maléable et le plus ductile des métaux. Il se travaille à froid sous forme de feuilles dont l'épaisseur peut ne pas dépasser un dixième de micron (soit un dix millième de millimètre) ou de fils dont le diamètre ne dépasse pas un micron. Avec un seul gramme d'or, on peut fabriquer un fil de 3 km de long ou une feuille d'un mètre carré de surface.

Il est résistant : sa limite d'élasticité est de 4 kilos par millimètre carré et sa charge de rupture de 13 kilos par millimètre carré.

Il se soude facilement à lui-même. C'est un très bon conducteur de l'électricité et de la chaleur.

Il se prête à des alliages avec d'autres métaux (argent, cuivre, nicket, platine, palladium, etc.).

Quelques définitions

L'once troy, du nom de la ville de Troyes en Champagne, dont les foires furent l'un des grands points de rencontre commerciale entre le XIIe et le XVIe siècle, est l'unité de transaction de l'or et d'autres métaux précieux. Une once = 31,10 grammes et en sens inverse 1 kilo d'or comprend 32,15 onces. Il ne faut pas confondre l'once troy et l'once avoir-de-poids, autre unité de mesure utilisée pour les épices, condiments, colorants et qui équivaut à 28,349 grammes.

Le carat. La proportion d'or contenue dans un alliage s'exprime en carats ou en millièmes. Le carat d'or (qu'il ne faut pas confondre avec le carat du diamant ou des pierres précieuses) est une mesure très ancienne. Le métal d'un alliage était divisé en 24 parties et le nombre de parties d'or contenues dans un alliage correspond au nombre de ces parties ou carats. Ainsi, l'or fin est dit à 24 carats ou à 1 000 millièmes. L'or à 18 carats correspond à 750 millièmes d'or fin et 250 millièmes ou 6 parties d'un ou plusieurs autres métaux alliés. On distingue aussi l'or à 14 carats (585 millièmes) et à 9 carats (365 millièmes). En France seul l'or au titre d'au moins 18 carats peut être utilisé en bijouterie-joaillerie.

Or Information

Production de l'or dans le monde (tonnes)

	1980	1985
Monde, y compris l'U.R.S.S.	1 201	1 483
Monde occidental	942	1 213
dont :		
Afrique du Sud	675	673
Canada	50,6	86
Etats-Unis	27,6	79
Brésil	35	63
Australie	17	57
Papouasie Nouvelle-Guinée	14,3	33
Philippines	22	38
Europe	8,6	15
U.R.S.S.	258	270

Où trouver de l'or en France ?

Alsace-Lorraine :
Prospecter les rives entre Guermesheim et Saint-Louis ainsi qu'entre Bâle et Breisach, on y trouve des paillettes. Ne négligez pas l'un de ses affluents, l'Ill.

Auvergne :
Prospecter les rives de l'Allier en Haute-Loire, la région de l'Alagnon.

Bretagne :
Côtes-du-Nord, les cours d'eau près de la plage du Plestin et près de Loudéac.
Finistère, les sables de la plage du Ris et des rivières à proximité de Douarnenez, les rives de l'Aulne.
Ille-et-Vilaine, la cuvette de Landéon et des alentours de Vitré.
Morbihan, l'ensemble du bassin du Blavet sans oublier les rives et ses affluents.

Languedoc-Roussillon :
Aude, la seule vraie mine d'or de France actuellement en exploitation est sise à Salsigne. Production : 1,5 tonne d'or par an (teneur 12 grammes d'or par tonne de minerai). Prospecter les rives de l'Aube.
Gard, les rives de la Cèze et de la Ganière.
Hérault, les rives de l'Hérault et de l'Orb.

Franche-Comté :
Doubs, on y orpaillait dès le Moyen Age. Prospecter les rives du Doubs et de l'Ognon.

Provence-Côte-d'Azur :
Alpes-Maritimes, le lit de la Tinée, les rives de la Vésubie.
Hautes et Basses-Alpes, autour de Barcelonette, la haute vallée de Romanche.
Corse, les rives de l'Asco.

Midi-Pyrénées :
Ariège, l'Eldorado de l'Hexagone. Les rives de l'Ariège (de Crampagnac à Saverdum) et les ruisseaux voisins.

Limousin :
Le département de la Haute-Vienne fut l'un des greniers à or de la Gaule. Prospecter les cours d'eau des environs de Saint-Yrieix, les rives de la Vienne.
Rhône-Alpes :
En Ardèche, à la fin du XIXe siècle, un berger découvrait près des Avols, une pépite d'or d'un demi-kilo. Prospecter les rives de la Ganière, près de Brahic et de Malesc.

Pour vous aider : Lors de vos premiers pas d'orpailleur, vous avez tout intérêt à affiner vos repérages à l'aide des 600 cartes géologiques du BRGM (Bureau des Recherches Géologiques et Minières) échelle 1/50 000 ; indications des gisements anciens et actuels. Prix 53 F, B.R.G.M., Service des éditions-ventes, 45060 Orléans Cedex. Tél. : 38.63.80.01.

GLOSSAIRE

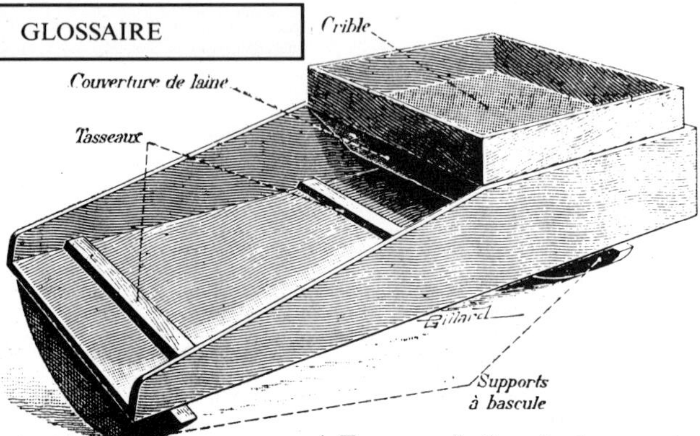

Arastra meule à quartz mue par des mulets, imaginée par les Chiliens pour broyer le quartz aurifère
Argonaute terme par lequel on désigne parfois les chercheurs d'or, notamment californiens – par référence à la mythologie grecque
Bar banc de sable ou de gravier dans le lit d'une rivière. Par extension, les camps de mineurs installés près de ces bancs, parfois riches en or
Batée sorte de poêle à frire ou de cuvette, en bois ou en fer battu, où le mineur lavait le gravier recueilli dans le lit des rivières, pour en extraire l'or

Claim concession
Convict bagnard
Craddle (ou rocker) boîte, généralement en tôle, percée de trous, qui faisait office de tamis
Digger prospecteur
Diggings terme du début de la ruée en Californie désignant un claim mis en exploitation
Flumes canalisations, le plus souvent en bois, utilisées pour amener l'eau sur les placers
Long-tom craddle perfectionné, long au moins de 4 mètres
Mother Lode « filon mère ». Désigne en Californie la région allant de Downieville à Mariposa le long de la Sierra Nevada, d'où fut extrait l'essentiel de l'or, pendant la ruée
Nugget pépite. Fragment d'or de n'importe quelle taille, pourvu que celle-ci dépasse la tête d'une allumette
Once mesure anglaise valant le seizième de la livre, soit 28,349 grammes (abréviation : oz)
Pilgrims pèlerins. Terme par lequel on désigne les « pères fondateurs » de la Nouvelle-Angleterre – les dissidents anglais, fuyant les persécutions religieuses qui arrivèrent en Amérique
Placer mot espagnol, désigne un gisement d'or
Sluice (ou sluice box) long-tom perfectionné, parfois long de plusieurs centaines de mètres, où l'on faisait passer un fort courant d'eau qui chassait la terre et les graviers en laissant l'or, plus lourd, se déposer dans le fond des bacs
Stamp mill moulin utilisé pour briser, puis moudre, les roches contenant de l'or. Généralement des marteaux-pilons, quand il s'agissait de traiter le quartz aurifère

BIBLIOGRAPHIE

Ouvrages généraux

Draeger (éditions), *L'Or*, Paris.

Gascar P., *L'Or*, Delpire 1967.

Lepidi J., *L'Or*, P.U.F., coll. « Que sais-je ? », 1965.

Sedillot R., *Histoire de l'or*, Paris, 1972.

Californie

Achard A., *Voyages de Paris à San Francisco*, Revue des Deux Mondes (tome V), 1850.

Aimard G., *La Fièvre d'or ; Curumilla ; le Grand Chef des Aucas ; les Chercheurs de piste ; les Pirates des Prairies ; la Loi de Lynch ; Valentin Guillois* ; Fayard.

Bailey P., *Sam Brannan and the California Mormons*, Los Angeles, 1942.

Bancroft H. H., *History of California* (1848-1859).

Bénard de Russailh A., *Journal de voyage en Californie*, Aubier, 1980.

Crété L., *La Vie quotidienne en Californie au temps de la ruée vers l'or*, Hachette, 1982.

Dame Shirley (Louise A.K.S. Clapp), *The Shirley Letters*, Peregrine Smith Inc., 1970.

Dana R.-H., *Two Years before the Mast*, New American Library, 1964.

Dillon P., *La Californie dans les derniers mois de 1849*, Revue des Deux Mondes (tome V), 1850.

Dillon R.-H., *Fool's Gold (John Sutter)*, 1967.

Drury W., *Norton Ist, Emperor of the United States*, New York, 1986.

Dumas A. fils, *Histoire de la Loterie*, 1851.

Dumas A. père, *Journal de Mme Giovanni*, 1854 ; *Un Gil Blas en Californie*, 1852.

Holliday, *The World Rushed In*, Simon and Schuster, 1981.

Le Bris M., *La Porte d'or*, Grasset, 1986.

De Massey E., *A French Man in the Gold Rush*, California Historical Society Quarterly, 1962.

Nasatir A. P., *A French Journalist in the California Gold Rush* (the letters of Etienne Derbec), Georgetown, 1964 ; *French Activities in California, an Archival Calendar Guide*, Stanford University Press, 1945.

Nevins, *Fremont, Pathmarker of the West*, New York, 1955.

Pancoast C. E., *A Quaker Forty-Niner*, Philadelphie, 1930.

Perlot J.-N., *Gold Seeker, Adventures of a Belgian Argonaut during the Gold Rush Years*, Yale University Press, 1985.

De Ruté T. *Les Aventures d'un jeune Suisse en Californie*, Buchet-Chastel, 1979.

Soule, Gihon, Nisbet, *Annals of San Francisco.*

Starr K., *California and the California Dream (1850-1915)*, Peregrine Books, 1975.

Stevenson R. L., *La Route de Silverado*, Phébus, 1987.

Stewart G. R., *Committee of Vigilance, Revolution in San Francisco, 1851*, Boston, 1964 ; *Ordeal by Hunger*, Berkeley, 1935.

RETURNING FROM CALIFORNIA
via Cape Horn!

Klondike

Bancroft H. H., *History of Alaska 1730-1885*, San Francisco, 1886.

Berton P., *The Klondike Fever*, New York, 1958.

Cody H. A, *An Apostle of the North, Memoirs of the Right Reverend William Carpenter Bompas*, Toronto, 1908.

Collier W. R. and Westrate E. V., *The Reign of Soapy Smith, Monarch of Misrule*, New York, 1937.

Kelly N., *The Men of the Mounted*, Toronto, 1949.

Kingman R., *Jack London*, Éditions de l'Instant, 1987.

Ogilvie W., *Early Days on the Yukon and the Story of its Gold Finds*, New York, 1913.

Service R. W., *Ploughman of the Moon*, New York, 1945.

Australie

Chemin O., *De Paris aux mines d'or de l'Australie occidentale*, Paris 1900.

Fauchery A., *Lettres d'un mineur en Australie*, Paris, 1857.

Hargraves E. H., *Australia and its Goldfields*, Londres, 1855.

Morrell W. P., *The Gold Rushes*, Londres, 1940.

Withers W. B., *History of Ballarat*, Ballarat, 1870.

Autrement, Australie (n° spécial)

Afrique du Sud

Brett F., *The City of Gold*, Londres 1940 ; *They Seek a Country*, Londres 1937.

Cohen L., *Reminiscences of Kimberley*, Londres, 1911.

Dupont H., *Les mines d'or de l'Afrique du Sud*, Paris, 1890.

Autrement, Afrique du Sud (n° spécial).

Sibérie

Bordeaux A. *Sibérie et Californie*, Paris, 1903.

Levat E.-D., *L'Or en Sibérie orientale*, Paris, 1897.

Littlepage A., *La Découverte des mines d'or de Sibérie*, Payot.

Max A., *Sibérie – Ruée vers l'Est*, Gallimard, 1976.

Peské A., *Ici, tous les chemins se perdent*, Phébus.

Autrement, Transsibéries (n° spécial).

Orpaillage

Bersez J., *Manuel pratique du chercheur d'or*, Paris, 1979.

Lefaucheur J.-C., *Chercheur d'or en France*, Paris, 1976.

Fictions, récits

Cendrars B., *L'Or*, Gallimard, coll. Folio, 1985.

Harte B., *The Men of Roaring Camp and Other Tales*.

London J., *Romans, récits et nouvelles du Grand Nord*, Laffont, coll. Bouquins, 1983.

Traven B., *Le Trésor de la Sierra Madre*, 10/18.

Twain M., *À la dure*.

Verne J., *Le Volcan d'or*, Hachette, 1966.

COUVERTURE

OUVERTURE

CHAPITRE I

CHAPITRE II

CHAPITRE III

CHAPITRE IV

CHAPITRE V

CHAPITRE VI

TÉMOIGNAGES ET DOCUMENTS

Camp, Bret Harte.
150 Chercheurs d'or en Californie, gravure.
152/153 Prospecteurs sur une concession en Californie, daguerréotype.
154 Chercheurs d'or en Californie, photographie.
156/157 Arrivée d'une femme sur un camp minier au début des années 1850, lithographie.
158/159 Intérieur d'un dancing au Colorado, gravure XIXe siècle.
160 Jack London, photographie.
161 Arrivée d'un steamer à Dawson, photographie.
163 A Dawson, Mme Lowe se tient sur le pas de la porte de sa blanchisserie, photographie.
164 La foule attend le courrier à Dawson City, photographie.
167 Chercheur d'or solitaire au Klondike, photographie de Curtis.
168 Auberge de l'Aimant tenue par Belinda Mulrooney près des champs aurifères de Grand Fork photographie de Hegg.
170 Mineurs d'Afrique du Sud, photographie.
171 Champs de mines d'or à Johannesburg, photographie.
172 Mineur d'Afrique du Sud au travail, photographie.
173 Un chariot véhiculant le minerai, photographie.
174 Dragues sur les champs d'or d'Undinsky exploités par le Trust Baleizolok, photographie.
178 Tamis et batée, photographie.
179 Chercheurs d'or en Ariège, photographie de G. Moreau.
180 Pesée de l'or en Afrique du Sud, photographie.

INDEX

A

B

C

D

E

F

G

H

J-K

L

H. Bogart, W. Huston et T. Holt dans *Le Trésor de la Sierra Madre*.

FILMOGRAPHIE

Construire un feu Claude Autant-Lara, 1925.
La Ruée vers l'or (The Gold Rush) Charlie Chaplin, 1925.
Dura lex (Po Zakonu) Lev Koulechov, 1926.
Les Montagnes d'or (Zlatye gori) Sergei Youtkevitch, 1931.
L'Appel de la forêt (The Call of the Wild) William Wellman, 1935.
The Fatal Glass of Beer Clyde Bruchman, 1936.
Chercheurs d'or (Go West) Edward Buzzell, 1940.
Le Trésor de la Sierra Madre (The Treasure of the Sierra Madre) John Huston, 1948.
Les Mines du roi Salomon (King Solomon's Mines) Andrew Marton, Compton Bennett, 1951.
Capitale de l'or (City of Gold) Colin Low, W. Koenig, 1957.
L'Or du Hollandais (The Badlanders) ; la Colline des potences (The Hanging Tree) Delmer Daves, 1958.
L'Or de la taïga V. Dorman, 1975.
La Fièvre de l'or (Mother Lode) Charlton Heston, 1982.
Pale Rider Clint Eastwood, 1985.

CRÉDITS PHOTOGRAPHIQUES

Anschutz Collection, Denver 21, 56/57. APN, Paris 123. Archiv für Kunst und Geschichte 30, 34/35, 71, 85. Archiv Gerstenberg, Wietze 137, 150. Bancroft Library, San Francisco 36/37, 50, 67, 68/69, 153. BBC Hulton Picture Library, Londres 77, 79b, 81b, 110, 154. Bettmann Archives, New York 87, 88, 90, 91, 92, 100, 106, 107b, 112, 164. Bibl. Nat., Paris 17, 48/49h, 61g, 63, 93, 139. Bildarchiv Preussischer Kulturbesitz, Berlin 20, 74, 113. D.R. 12/13, 14b, 15, 16/17h, 18, 24/25, 26h, 26/27b, 27h, 28, 31, 32/33, 38/39, 44, 49, 52, 59h, 59b, 60h, 61d, 64, 65, 66, 78, 138, 140, 142, 143, 149. Edimedia, Paris 79h, 101, 158/159. Empire Mine, State of California, Dpt of Parks and Recreation, Sacramento 128. E.T. Archives 70. Explorer, Paris 72, 80, 116, 122h, 145. Hutington Library, San Marino 157. Editions l'Instant, Paris 160. Magnum/René Burri, Paris 1, 4/5. Magnum/Rio Branco, Paris 6/7. Mansell Collection, Londres 47, 103. Mitchell Library, Sydney 73, 76. Minnesota Historical Society, Saint-Paul 129. Museum of Fine Arts, Boston 54/55. National Library of Australia, Canberra 83. Peter Newark, Bath 14h, 19, 29, 50/51b, 82, 84, 86, 89, 94/95, 102, 107h, 108/109, 133, 146. New York Historical Society, New York 40/41. New York Public Library, New York 45. Oakland Museum, Oakland 22/23, 42, 130. Or Information, Paris 2/3, 8/9, 11, 114, 126, 127, 170, 172, 173, 178, 179 (G. Moreau), 180. Moro Roma, Rome 46, 98/99. Rapho, Paris 171. Russ Kingman, Glenn Ellen 105. Seattle Historical Society, Seattle 97h, 97b. Sirot/Angel, Paris 115, 117, 118, 119, 120, 121. Tapabor, Paris 104, 111. Tallandier, Paris 43, 141. Tass, Paris 125, 174. University of Washington, Seattle 163, 167, 168. Usis, Paris 62. Vancouver Public Library, Vancouver 161. Couverture, 1er plat : Moro Roma, Rome ; Dos : Peter Newark, Bath ; 4e : E. T. Archives, Londres.

REMERCIEMENTS

Nous remercions les personnes et les organismes suivants pour l'aide qu'ils nous ont apportée dans la réalisation de cet ouvrage : Isabelle Libersac, attachée de presse à Or Information ; le personnel de la Bancroft Library, Oakland, et plus particulièrement Anthony Bliss ; le personnel de la Huntington Library, San Marino ; le personnel du département Information, State of California Department of Parks and Recreation, Sacramento ; le personnel de la California State Library, Sacramento ; les membres de la California Historical Society, San Francisco ; les archivistes du ministère des Affaires étrangères, Paris ; le personnel des bibliothèques municipales de Nevada City, Grass Valley, Marysville, Auburn, Placerville, Jackson, Angel's Camp, Sonora, Mariposa, Stockton, Monterey ; les éditions Grasset ; la revue Autrement.

COLLABORATEURS EXTÉRIEURS

La maquette des Témoignages et Documents a été réalisée par Manne Héron. La carte illustrée de la page 53 a été dessinée par Luc Favreau. La lecture-correction a été assurée par Alexandre Coda et Catherine Levine.

Table des matières